당진시인
唐 · 津 · 詩 · 人

당진시인
唐 · 津 · 詩 · 人

초판 1쇄	|	2017년 12월 1일
2쇄	|	2017년 4월 28일
지 은 이	|	홍윤표
발 행 인	|	李憲錫
발 행 처	|	오늘의문학사
출판등록	|	제55호(1993년 6월 23일)
주 소	|	대전광역시 동구 대전로 867번길 52(한밭오피스텔 401호)
전화번호	|	(042)624-2980
팩시밀리	|	(042)628-2983
전자우편	|	hs2980@hanmail.net
카 페	|	cafe.daum.net/gljang(문학사랑 글짱들)
	|	cafe.daum.net/art-i-ma(아트매거진)
공 급 처	|	한국출판협동조합
주문전화	|	(070)7119-1752
팩시밀리	|	(031)944-8234~6

ISBN 978-89-5669-814-4
값 9,000원

ⓒ홍윤표. 2017

이 도서의 국립중앙도서관 출판예정도서목록(CIP)은
서지정보유통지원시스템 홈페이지(http://seoji.nl.go.kr)와
국가자료공동목록시스템(http://www.nl.go.kr/kolisnet)에서 이용하실 수
있습니다. (CIP제어번호 : CIP2017009754)

* 이 책은 교보문고에서 E-Book(전자책)으로 제작하여 판매합니다.
* 잘못 제작된 책은 바꾸어 드립니다.
* 이 책은 당진문화재단에서 지원금을 지원받았습니다.

홍윤표 시집

당진시인
唐·津·詩·人

시인의 말

　시가 무엇이냐 물으면 시원한 대답없이 여기까지 달려 왔습니다. 시작생활 40여년 많은 시를 발표하고 써왔지만 마음에 드는 시詩 한편 없이 왔습니다. 그래도 자아를 형성시키는 시심을 안고 살아 온 오늘이 있기에 나를 꾸짖으면서도 당진시인으로 남고 싶어 시집을 또 엮었습니다.

　건조한 바람이 불고 어지러운 시대 미지의 세계에 올바로 쓴 시를 전하고 싶습니다. 2016년 이 시대의 시인으로 선정되어 시집을 발간하게 된 영광, 당진시민 모두의 자리에 올려드립니다. 그리고 당진시인으로 영원히 남고 싶은 마음입니다. 열다섯번째로 엮는 이 시집이 출판되기까지 수고해 주시고 격려해 주신 당진문화재단 관계관님께 고개 숙여 고마운 마음 전합니다. 감사합니다.

2016년 12월
저자 홍윤표

차례

4 시인의 말

1부
눈꽃의 단상

12 갈매기화덕구이
14 고양이 밥상
16 그대 향한 여행길
17 꽃길
18 맥문동
20 바람을 건지다
22 내포 숲이 있는 상담마을
24 불면을 줍는 밤
26 무당개구리
27 소낙눈
28 십이월 단상
30 눈꽃의 단상
32 은행나무 편지
33 젊은 후회
34 지하철시대가 열리다
36 총기사고를 보면서
38 한 겨울 날아 온 편지
39 호박은 늙지 않는다
40 공항에서
42 낙지여 행복하라
44 담쟁이
46 넝쿨장미의 당부
47 눈물 젖은 금융시장

2부
당진시인

50 낙타행렬
52 거리학원
54 대수술
56 꽃소식에 취해
58 공간의 변화
60 그릇의 저항
61 목련꽃
62 가을이 주고 간 사랑
63 다시 공간에서
64 대합실 풍경
66 단절
67 괭이 갈매기
68 당진시인
69 대추나무 아래서
70 무표정한 밤
71 반달곰
72 삶을 잃은 은행나무에게
74 새맞이 가정부
76 설성의 뜰에 예술의 눈이 내리다
78 상춘옥이 있던 당진천
80 신용카드 환영
82 손가락을 빤 적이 있다
83 난지도
84 표본실의 하루

3부
환생하는 바다

- 86 거리에 뿌려지는 돈
- 88 고등어의 비밀
- 89 깃털
- 90 꿈꾸는 파도
- 91 내 삶에 속눈썹
- 92 몽고고원 쌍봉낙타
- 93 대숲사이 지나는 바람
- 94 묵향이 흐르는 마을
- 96 환생하는 바다
- 98 시인의 방
- 100 슬픈 통인시장
- 101 억새꽃
- 102 유머 없는 나
- 104 이름난 숲길
- 106 화요일 서정
- 107 바람을 건지다
- 108 마지막 잎새
- 110 고통은 아름다운 이름
- 111 철저한 경제선
- 112 뗏목타고 이사 가는 침개미
- 114 한파
- 116 웰빙시대 사직서

4부
황어와 바다

- 118 백두대간 둥지고
- 119 문어 이야기
- 120 나무와 꽃들
- 121 바다는 잠들지 않는다
- 122 구름 나그네
- 123 금연석에 앉아서
- 124 자연의 무
- 126 일심천리
- 127 제주도 간 친구
- 128 종달새
- 129 지하수 터지는 날
- 130 동백섬
- 132 바겐세일
- 134 찻잔을 보면
- 136 낮술
- 137 지난해 겨울
- 138 청솔모 산책
- 139 키위를 먹으며
- 140 한 겨울 찾은 친구들
- 142 한 여름의 저항
- 144 톱날이 생각 날 때
- 146 황어와 바다
- 148 섬

- 150 해설 : **시간의 지문에서 발화하는 삶이야기**(신익선)
- 176 詩人의 발자취

1부
눈꽃의 단상

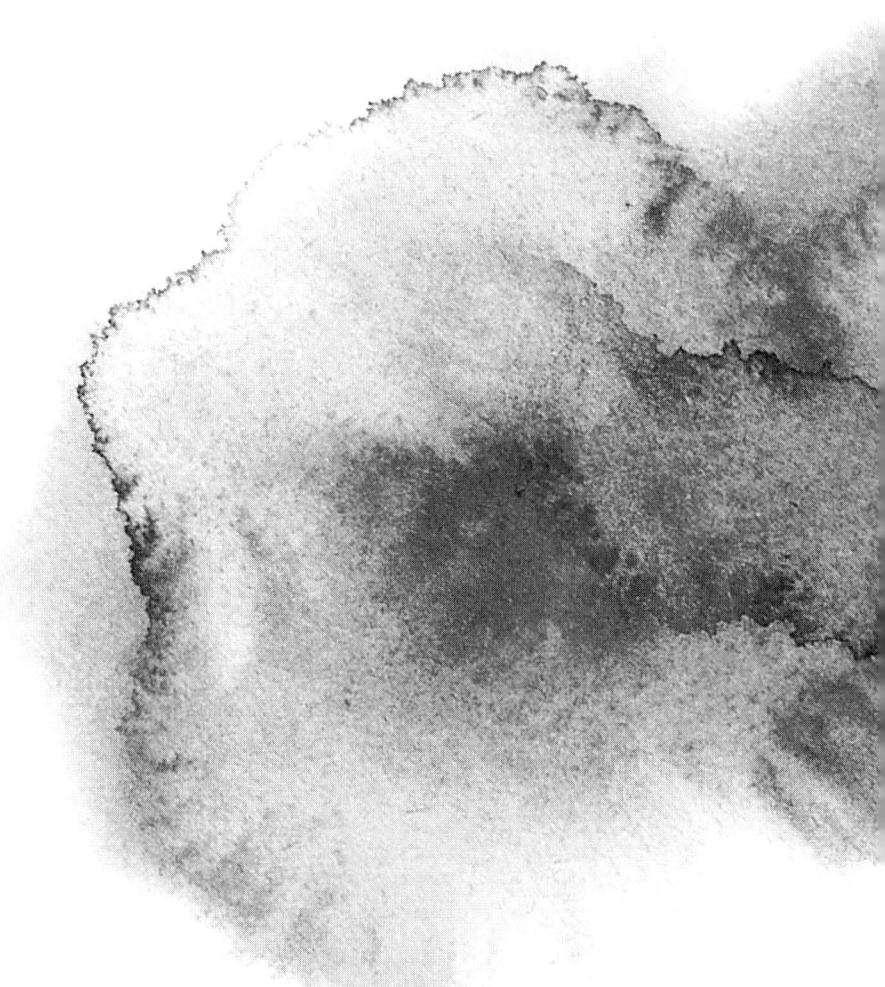

갈매기 화덕구이

옛날 홍살미 마을에는
쌀밥이 없고 보리밥에 만족했다
선을 너머 십년이 흘러 이십년이 가도
절벽 같은 세월의 문이 닫히지 않았다

일시간이 끝나자 근로자들은 오후의
허기를 채우려고 갈매기 화덕구이에 모여
일터얘기를 화덕에 올려놓았다

처서의 해오름이 떠오른다
연탄불 화기가 높아지니 숙성된
막창꾸러미에서 흐르는 육집을 내품어
달구어진 불판에 화력을 높이니
어제 마신 술기운이 달아올랐다

현대는 선전 없이 소문으로 사고파는 직판시대
노동과 자산형성의 댓가를 저울질하던
오후도 달빛은 기울어 문지방에 기대는 순간
연탄화덕 불판은 고온으로 타올랐다

숙성 된 오후의 *끈나풀*이 느슨해진다
허기를 채워준 화덕구이 집의 넉넉함은
어수선함으로 채웠지만 아무리 지둘러도
초록갈매기는 날아오질 않았다

고양이 밥상

고양이 밥상이 늘고 있다
찬바람이 부엌문을 두드리는 날
들고양이 한 쌍 이웃집 개에 시달려
여전 눈칫밥이다

먹 거리마져 빼앗긴 하오
쓰레기장을 뒤지고 휴지통을 뒤지는
식욕의 충동은 길은 밝아도
먹구름이 자욱했다

밤새 길목을 지키던 가로등이 꺼지자
식기를 채우려는 고양이 시력이 환해진다
먹다 남은 음식찌꺼기에 순번을 메기며
동공을 넓히는 들고양이
무얼 위해 노래 부르는가 부러운 눈초리다

눈떠 움직여야 먹고 살 수 있는
운명의 야생동물
고양이 앞에 쥐는 맥을 못 춘다

어미를 떠난 날의 의문은 어디까지
왜 가정을 자유로 탈출했을까

창살 없는 감옥에 목숨을 건 들고양이
오늘은 거적 없는 헛간이 둥지다
밉다가도 불쌍해 밥상에 씨를 뿌렸다

그대 향한 여행길

그대 향한 여행길에 당신은 시인이었다
사랑이 피는 넓은 바다에
그대 향한 나의 사랑은 하늘 이었다
사랑이 깊어지는 마음의 바다에
수온이 높아갈수록 추억을 밝히는 등대
외로움은 지워지지 않았다
사랑이 하늘 한 자리에 머물 수 있다면
그대의 행복은 바다가 되리
사랑이 깊어지니 수심으로 빠져든다
세월이 자라면 자랄수록
빈 잔에 차오르는 눈물 눈물들
삶은 늘 선녀 같은 사랑 꽃으로 피어나
손바닥 위에 핀 하얀 접시꽃처럼
그대 향해 먼 여행을 떠난다.

꽃길

애당초 꽃은
길을 내주지 않았다
그대와 함께 꽃 숲에서 살아가니
꽃은 길을 내주었다
모두 사랑이다.

맥문동 麥門冬

내 울안에 맥문동을 심어 놓고
꽃이 피길 기다렸다
뭉게뭉게 자란 맥문동은 여린 눈빛으로
폭염을 지내며 보랏빛 그리움을 올려 놓았다

한 두 촉 씩 문 열고
빈 몸으로 나오는 보랏빛 바람잡이 꽃
맥문동은 천문동 보다 약하나
사람 몸에 한약제로 식용으로 건강에 좋다고
사계절 푸른 땅속에 황제라 했다

모종은 산발적으로 심는 것보다는
오월 모내기하듯 무리져 심어
정원을 이룬 맥문동
상주시 화북면 상오리 마을에선 달랐다

보랏빛 구름 뭉게뭉게
솔 숲길에 고개든 맥문동 만나러
천리 길 여행에 나도 앞장서 하루를 먹었다

맥문동 보러 온 노부부들 핸드폰에 사랑을 찍으며
보랏빛 미소를 맥문동 소나무 숲에 내려놓았다
외로움 보다는 기쁨을 남겨준 정情에
그 터를 떠나고 싶지 않았다

바람을 건지다

은빛 갈대풀이 자유로이
빈 화살처럼 강변으로 꽂히고 있다
고요함도 한 몫일까
언제나 굉음으로 회전하던 어리석은
바다 모습, 어머니는 그물 매시고
아버지는 바다 한 가운데서
해태 말장을 박으신다

어느새 남녘의 무화과가
태양처럼 익어 늦가을을 유혹한다
보름달처럼 한로寒露가 다가와 농어들이
남긴 소설을 쓸 수 있다면
오로지 밤이 와야 회귀할 수 있는
아버지의 고독한 전설을 읽을 수 있으리라

쾌적한 강도가 맴도는 바다
나는 가난한 졸음도 잊은 채 은빛바람에
신설로 같은 화살을 쏟아내고 있을 때
먼 바다엔 등댓불이 은은하다

외로운 등대지기의 하루에 자정의
일기장을 덮으면 얼큰했던 바다매운탕은
오늘도 성숙한 바다에서 바람을 건지고 있다.

내포 숲이 있는 상담마을

마을에 안녕을 비는 장승이 자유로 서 있는
상담마을에 오면 작은 산이 모여
큰 오서산을 만들었다

등산로 입구 놓여 진 목교 옆에는
큰 느티나무에 매달린 말매미가 쉬었다 울고
다시 울고 있을 때 평화로운 이웃집엔
어린거위 몇 마리가 돌담너머로 나를 넘본다

시골은 자유롭게 울고 웃는 평화로운 집단
돌담으로 엮어진 사이사이엔
등산로 안내판이 백로를 부르고
때까치는 간간히 남새밭에 내려와
갈배추를 쪼으니 노부부는 못마땅하다
아무도 없는 오름길에 잘 익은 동부를 따는
노부부의 손길에는 풍년이 왔다

사열이라도 한 듯 열을 지키는 해바라기
오서산에 앞장선 황금빛 파수꾼인가

억새꽃이 사람을 불러 놀이산업에 신경 쓰니
속속 산 찾아 내포숲길이 그려진
상담마을은 두 눈 활짝 뜨고 손님맞이다

시골은 자유로움이 넘치는 마을이다.

불면을 줍는 밤

밤을 토해내는 것은
마음을 토해내는 것이랴
새벽 인시를 알리는 알람시계의 초침소리
부끄럼 없이 열을 올린다

아침을 열고 눈을 뜬다는 것은
중생을 구하는 길일까
나를 뉘우치는 발원문을 읽고 자성하며
새 삶을 되찾는다면 구원은 어디까지랴
가끔은 잿빛 얼굴을 씻고 또 씻으며
산새 우는 새벽을 맞으리라

혹독한 사연들이 치솟는 밤이다
남은 내가 되고 나는 남이 되는 것에
밤사이 치솟는 물가에 발 벗고 나서는
당신의 양심에 인정은 돌이 되리

가혹하게 눈독 드린 인연의 바다에 젖어
유가증권을 사고파는 얄팍한 양심들
내일이면 다시 찾을

귀환하는 철새들의 속삭임을 들을까

흔들리는 것은 억새와 갈대만이 아니다
지난 추억을 줍고 또 불면을 줍는 밤이면
천년미륵불이 안장 된 도솔암에서
산인이 되어 살고 싶다

무당개구리

습지는 넓을수록 좋다지
개구리의 고향은 물이라고 했는데
억만년 양서류는 뭍을 떠나
물에 진을 치면서 봄을 깨웠다
봄의 전령사인 개구리 온 몸을 드러내고
엎치락 뒷치락 본능이라지만 몸 풀 준비에
길은 구불구불 뱀이다
밤이면 노래하고 빗줄기에 노래하고
개구리는 올챙이적 생각 못하고
먹통을 벌리고 산으로 들로
뜬 밤새우다 대낮에 까지
양서류 세계 육천종류
한국엔 17종류 개구리가 산다는 데
헤아리며 먹이사슬로 살아간다네
물속에 맑은 물속에 집짓고 번식을 일삼아
생태를 이어가는 도롱용도 한 몫이다
신 풀려 점친다는 무당개구리 우리 땅에
토종개구리라 못을 박는다.

소낙눈

누가 볼까 두려워 살알짝 내린 눈을
소낙눈이라 부른다
붉은 노을을 하얗게 변신시켰다
두터운 구두바닥 핥으며
걸어 줄 구두 한 켤레 아스팔트따라
먼 길을 나서니
거리는 꼬마아이들이 메웠다
겨울바람이 강하다고 겨울이 짧다고
마후라를 두르고
홀로 낙엽 진 차가운 벤취에 앉아
여름을 생각하니 마음이 푸르다
한 여름같이

앞산에 내린 소낙눈이
참! 아름답다.

십이월 단상 斷想

행복을 약속하는 마지막 달은
뿌리 깊은 느티나무다
마지막 남은 달력 한 장을 주시하며
또 내일을 약속하고 희망을 거는 일들
골목화원에 붉은 포인세티아 꽃이
세상을 밝히니 겨울이 맑다

기상으로 붉어오는 몸 자락은
참다운 사랑이며 행복일까
섣달 초순부터 촉각을 세우는 성탄절 분위기
기쁨 보다는 성숙함이며 경건함이다
아침의 빛은 행복을 여는 표상이다
새로 태어나고 침묵하는 소리에
잠긴 광야曠野를 여는 애절함에

성탄절이면 사고파는 말이 있다
하늘엔 영광이요 땅에는 평화를 부르니
잔잔한 호수다
자유로 함박눈이 세상을 덮는다
묶였던 평온에 하얀 별빛을 가져다

진통 없이 세상 속에 그리움을 열어
여린 문풍지를 사려(思慮)본다
삶의 씨앗을 뿌린 듯
자애로운 달이다.

눈꽃의 단상

내 가까이에
계절을 모르고 사는 사철나무
푸른 잎사귀 위에 밤새내린 함박눈
겨울 꽃으로 이 세상 온 누리 피었다
서해바다 태안 꽃 축제에 피었다 진
하얀 백합처럼 소복소복 향기가 쌓인다 해도
한 나절 지나면 상서로운 햇살에 못 이겨
고요의 강물이 되고 말걸
그건 고통이 아니라 눈물이라 말하겠지
그래도 백합꽃이 지닌 여인의 향기와
그 아름다움을 한올한올 보고 싶어
핸드폰에 찰칵찰칵 담아 두었다
언젠가 네 모습이 직녀성처럼 빛나고
눈이 부시다면 되돌아 와줘
소리 없이 노을 속으로 끼어드는 영혼에
네가 보고 싶어서 야심을 채운다면
아름다운 인연을 남기고 떠나리
허기진 물보라처럼 떠오르던 눈꽃
안타까운 자국만 남긴 채 대자연이 안겨준

종착역인 사해에서 온갖 꽃 피울 몸부림이여
허물없이 마냥 분수가 되고 만다면
너의 눈꽃은 시드는 것이 아니라
고독을 거두는 일이네.

은행나무 편지

낭만이 출렁이는 도시
육조거리에 물든 은행나무를 보면
사랑하는 사람에게
가을편지를 보내고 싶다
눈부신 태양 빛에 석류처럼 물오른
오색단풍을 보니 가을여행 떠나고 싶다
단풍든 계절이 돌아와 성난 물개처럼
종로를 희롱하는 은행나무여
황금빛 불타는 그대 얼굴을 맞으니
애잔한 손바닥에 쓰고
또 쓰고 싶은 추억의 편지
석양이 물든 바다 위에 써내려 가면
내 마음엔 삶의 나무들이 자라네
사랑하는 사람에게
사랑담은 가을편지를 쓰고 싶네
우표 없는 가을편지를 보내고 싶네.

젊은 후회

풀기죽은 젊은 나무들이
발기부전증으로
병원을 찾는다는데 어찌 할거나
그렇다고 활어를 찾아
천만리 올려보는 사람들
나도 그럴까
겨울비 찹찹하게 내린다
살아가면서 갖고자하는 것을 얻으며
달려가는 사람들
채널마다 슬픔이 세상가득 넘친다
구멍 난 구석구석의 잔유물
몰아내지 못한 죄
봐주는 것이 정의가 아니란 것을
뼈아프게 내려앉았다

기죽은 관음죽 화분에
생수나 푹신 뿌려야겠다.

지하철시대가 열리다

시방 훈기 없이 냉랭한 사랑방에 앉아
문화발전소에 시를 넘기고자
시를 쓰는 나는 행복하다

가림새로 한 잎사귀를 바람을 쪼개어 등에 지고
사랑의 자물쇠를 여는 행복함은
누구도 모를 일이다
See지의 아름다움일까
지하철에도 시가 있어 좋단다
지하철에도 시가 읽혀서 좋단다

시인이라면 시를 써야지
시인이 시를 안 쓰면 시가 어디서 나올까
그리고 뭣이 될까
오늘도 내일도 새벽부터 낮밤까지
사람들을 품고 다니는 지하철 출입구에
기댄 시가 있어 좋아
정말로 시가 읽히고 읽혀서 좋아

시詩가 있는 세상
비취옥같이 아름다운 세상을 만들지
창밖에 강바람이 차갑다.

총기사고를 보면서

지쳐서 쓰러지더라도 난 나무가 되리라
버팅기며 물구나무서서
세상을 볼지라도 세상을 올바로 바라보나니
세월호에 지친 모든 기억들은 악몽 아닐까
사고에 사고에 진저리나는 파도의 물결
경험이 아니다
한 발 한 발 걸으며 챙겨보는 생각들
이젠 바람개비가 아니다
에어컨이 아니다

사고에 사고에 지쳐 쓰러진다 해서
세상을 울타리치고는 살수 없다
위험이 다가오기 전에
다시 묻고 다시 두드려보는 생각들
늘 우리말 사전을 들여다 보아야 한다
이제 사고 없는 세상 만들어
행복함에 수치를 높이자

오늘도 군부대에선 3개월 제대를 앞둔
장병이 총기 난사 사건이 또 태어났다

이번에도 젊은 나이들이 그러나 살인자는
살아서 말하고 있으니 미칠 일이고
너무 안타까운 현실이다.

한 겨울 날아 온 편지

차광막처럼 두텁게 어두워 오는
대낮을 맞으니 금새 쓰나미라도 밀려올
상황에 비상등이 절로 켜진다

불꽃 반짝이듯 흩날리는 함박눈
송년의 발끝에서 함박눈을 만나니
소한小寒이 사납다는 걸 알 것 같아
바로 등 너머로 넘볼 수 있는 시야였다

매듭진 아내의 손끝에서 배나오는 맛과 맛
한 겨울 날아온 지진특보처럼 김장김치 익는 소리가
김치냉장고 속에서 발효된 참새처럼 울려나니
비대한 육신이 가볍다 아니 뭔가 내려놓듯
시큼하고 진한 겨울 맛을 보겠다

맛은 달아오르면 오를수록
차오르는 한 겨울 선반 위에서 떠도는
매콤한 겨울바람이 처마 끝에서 머물 때
텃밭에서 날라 온 찢어진 비닐조각을 보니
농사일로 찌든 땀 밴 유년의 기억이
한 겨울 군대 간 아들편지다.

호박은 늙지 않는다

야산이나 초가지붕이나 담장에서
밤을 헤이다 열린 달만한 호박은
늙는 것이 아니라 익는 것이다.

우리 식단에 영양 많아
죽으로 지지미로 엿으로 떡으로
부침으로 올라오는 호박
늙는 것이 아니라 알차게 익은 것이다

긴 여름 땀에 찌들려 돌려놓은 호박
늙었다고 모진 구박덩이다

그러나 맛을 보나
멋으로 보나 일등품이다
영양가가 높은 기호품으로
한국 밥상에 시골밥상에 일등품이다
고단한 몸을 풀어주는
농가 웰빙식품으로 금값이다.

공항에서

신세계 백화점 분점 옆 공항 벤치에 앉아
떠나는 사람 마음의 지혜를 굴려본다
어쩌면 떠나는 사람 앞에선
지혜의 눈물을 흘리지 말아야지
하면서도 흘리는 이별의 눈물 때문에
공항은 마음이 마냥 아프다
떠나는 사람은 떠난다 해서 속이 편 할리 없지
편하다는 것은 외롭다는 것이 아니다
전화 한 통 없이 편지 한 장 없이
그저 고요한 대웅전 추녀 끝에서
풍경소리만 들려 줄 뿐이다
풍경소리가 들려온다는 것은 행복한 일이다
내가 들을 수 있고 네가 들을 수 있으니
네가 떠나는 공항에 가고 싶은 것이 아니라
떠나야 할 터전을 잃고 떠나기 때문에 눈물이다
그대는 여행을 떠나려고 탄식을 아끼지 않았겠지
서로 다른 사람들이 만났다가 이별을 놓고
떠나고 만나는 숙명적 보금자리 인걸
떠나야 할 사람 떠나지 않는다 해서
마음이 편 할리 없다

전화기를 바꾸고 돈을 바꾸고 떠나는 사람들아
이별을 두고 떠나려거든 탑승대 앞에서
눈물이 멈출 때까지 울어라

낙지여 행복하라

서울시청 앞이 모두 바다인 것을
멀리 남해에서 땅 끝 마을에서
서울시청 앞까지 올라와 낙지를 잡는다
민초의 목청을 높인다
낙지는 갯펄에 살아야 제 맛 나는 걸 잡는데
광화문 한 복판에서 어심을 몰고 와 낙지를 잡으니
제 맛이 어찌 나오리까
중금속을 먹고 있다고 마이크를 잡는 잡초들
그 속에서 나무는 더 싱싱하게 자랐다고
말하리라 말하리라
붉은 깃발은 붉은 머리띠를 아무곳에 붙이고
아무데나 띠를 두르는 게 아니다
시민광장은 너와 나 모든 식솔들이
마음을 활짝 열고 뛰어 노는 땅
목소리 크게 높이던 날
낙지는 국감 앞에서 끈질기게 늘어 붙어
나를 놔두질 않는다
선량한 어심魚心들이 시청 앞을 메웠다
어심들이여! 풍어제를 지내시거라 시민광장에서
오방기 펄럭이는 갯펄에 낙지는 살아가고

후대에 손은 퍼지리라
오늘은 서울구경에 신이 났다
노량진 어시장이 아니고 성남 가락시장도 아니고
민초를 살피는 역사의 광장에
기차를 타고 버스를 타고 진언하는 목소리
조선의 육조는 판단를 내리리라
성벽을 넘어 온 청기와 집에 들릴까
낙지는 먹어도 후손대대 먹어도
백세 천세 영광누리리라고....

담쟁이

연인들의 속삭임을 엿듣고 있다
창틀 벽에 매달려 귀를 열고
줄기줄기 꽃 잎새 피어 타오르는 세포 한 자락에
어디까지 올라 갈 셈인가
입춘 내음타고 올라온 네 생명 줄기
생명 없는 콘크리트 벽에 붙어 기생하며
돌피를 빨아먹고 살아야 시원할지도
오늘도 연인들의 속삼임을 수놓았다
연한 비바람에 살랑살랑 그림
한 폭을 그리고 있구나
누구에게 누군가에게 따스함을 전해주렴
커튼 친 창틀 벽에 빌붙어 자라서
수채화를 그리는 너는 화가
실핏줄에 노예가 되어 한해 두해 키를 잡았다
겨울을 바라보는 시선 누구의 기다림일까
덩굴손에 뻗어내려 삼천리금수강산을
수려하게 물들이는 가을 추녀 끝
담쟁이 넝쿨 한 폭의 수채화에
혼돈 된 시대를 넘어 산새를 꿈꾸며
너의 타오르는 정성을 바라보노라

느슨한 만큼 동굴 속으로 보이는 그대여
오직 하늘 향해 두렵다 말고 초인종을 울려라.

넝쿨장미의 당부

뭉게구름 한 점 흐르면
따보려고 헛짚어 살고 있지
붉은 안대로 눈 가리고 힘겹게 살고 있지
예배당을 지나 도시 한가운데
그의 지주가 되어줄 지상을 덥친 철조망
너그러운 경비망은 아니지
아니 사나운 철책담장도
무엇이든 내 삶의 지주가 될 때
때맞춰 오월의 햇살을 불러서
재롱을 떨기도 하지
꽃은 철조망에 매달려 아양을 떨고
때로는 길을 걷는 여인을 유혹하기도 하고
혹은 애상을 업고 여인의 사진을 찍기도 하고
마디진 노년을 부여잡고 나를 꽃이라
불러달라고 애원이라도 할까나

허리띠 두른 해안선을 붙잡고
사교춤 추는 가시달린 넝쿨장미의 몸짓들
끝없는 능선 따라 눈썹담을 붙잡는다

눈물 젖은 금융시장

산새들이 잠든 등화가친의 밤
총총히 수놓았던 별들도 잠든 밤
간간히 어둠 속을 총알같이 질주하는 밤
폭주족의 하루는 시작된다
쓰러진 금융시장의 빈혈에
거리는 술에 취해 비틀거리면
시사 뉴스방은 실시간으로 비틀거리는
거리를 시체수습이라도 할 듯
텔레비전 화면은 분주한 풍차다
시장을 붙잡는 민생들의 손등은 갈기갈기 강줄기 되어
피가 흐르고
허기진 산짐승은 새벽 비탈타고 내려와
시속을 무시한 자동차에 깔려 육체는 분쇄되었다
절규여 말하라, 귀한 생명 꽃도 못 핀
눈물 젖은 금융시장에서 안타까운
현실의 장을 보고만 있어야 하는가
토사 난 민생시장엔 눈독 드린 눈
지금 달러 $ 시세가 홍수다.

2부
당진시인

낙타행렬

극과 극 속도 없는 낙타행렬
염도 높은 들판사이로 생명을 건다
사해의 따가운 햇살을 이고
소금바람을 마시며 걷고 걷는 낙타행렬
낙타는 침묵으로 소금섬을 향해
무한한 들판이며 낙타 바다를 탄다
끝없는 도전의 길과 사막의 길
염도 높은 염석鹽石을 캐기 위해
소금광부들이 평생 삶을 불태우며
걷고 걷는 낙타의 길
그 길은 도전의 길이요 끝이 없다
햇빛과 바람이 전부다
말은 영어가 통한단다
염도 50도에 타는 강한 날씨
느낌은 짠물이며 짠 땀방울이다
화강석처럼 단단한 소금 사막을 캐기 위해
탄생한 에티오피아 사람들
말없는 낙타와의 뜨거운 행진이다
천 년 이상 죽음의 땅에 터를 잡고 살아온

에티오피아의 소금, 카라반 젊은이들의
소금교역이란다, 끝없이 가고 싶다
배우 조연우의 리얼 체험현장에서
피와 땀과 삶의 고뇌를 삭이는
태양 같은 삶의 땅이었다.

거리학원

어둠이 배회하는 시장 후문 길에
모녀가 앉아서 밤을 읽었다
온 종일 과일과 옷가지를 파느라
지친 몸이련만 아직은 퇴근길이 아닌지
쪽문을 닫지 않았다
도시의 빌딩 숲을 밝히던 전구가 한 등씩
소등하는 시간,
바람은 긴 호흡을 몰아쉬며
엘리베이터 쪽을 바라본다
물끄러미 바라보던 나는 모녀의 대화가
참숯처럼 까맣게 타오름을 보면서 답한다
아이는 배고파 입을 내밀고 엄마 말을
듣는 중 마는 둥 그저 딴전이다
배움이 그렇게 어려움인가 집 아닌
거리에서 별빛을 반딧불 삼아
땀이 찌든 입술로 책을 읽어주는
엄마의 목소리가 매섭게 전한다
엄마의 가르침이 곧 선생님의 가르침이다
우리가 배우고 익히는 일, 유아원 시절부터

얼마나 배고픈 일과였을까 아이는 묵답으로
어둠 속을 익히고 또 익히며 어린 생각이
옹달샘처럼 맑아 표고는 하늘이다
잠시라도 무거운 짐을 들어주고 싶다
팔고 사는 순환에서 배움과 가르침이 교차하는
행상의 일상은 오늘도 방과 후 공부는
아득히 먼 사랑의 숫자 속으로 스며
거리학원은 삶의 무게였다.

대수술 大手術

한 겨울 깊은 한파寒波가 다녀간 뒤
난, 한 수돗물의 낙수에 익숙해졌다
버릴 것 버리지 못하고
절약 할 줄 만 알았던 한 겨울의 생각
그 생각에 난 등짝이 꽁꽁 얼었다
방의 벽체고 부엌이고 방바닥이고
거실마루 바닥이고
꽁꽁 언 스케이트장의 진풍경
언제 녹여서 효도를 볼까 엄두가 안 난다
동동 동여 맺던 배관을 풀어
생선 아가미열고 배를 따듯
날카로운 면도날로 쭉쭉 가르고 대수술을 했다
길마다 수액 없이 열선熱線을 넣고
수술한 뒤 다시 봉합해 버린 날
난 외과의사가 되었다
하루 이틀 사흘 나흘 꽁꽁 얼기 한 주일 만에
스팀기에 의해 속이 펑 뚫린 보일러 배관
난 한파에 너무 익숙해 졌다

지금도 얼까 두려워 뚝 뚝 뚝 진한 동파소리에
한 겨울 이기며 동동 떨었다.

지금도 등뼈가 시리다
양어깨가 뻐근하다

꽃소식에 취해

봄꽃이 피길 기다리는 일은
사람들이 그립듯 마냥 행복하다
행복이란 누가 가져다주는 일도 아니고
스스로 느껴오는 형상 없는 고운 옷이다

꽃소식은 절기흐름이 빠르건 느리건
문제가 아니고 봄꽃이 제때 피었다 지기
때문에 우리에 속삭임은
해가 줄어도 바뀌지 않는다

사랑하는 사람아,
봄날엔 흔한 개나리꽃이라도 벚꽃이라도
그냥 지나치는 일이 없기 때문에
반드시 피었다 떠나리라 믿는다

단한 번도 숨김없이 자연의 순리에 핀다는 꽃소식을 마
냥 믿고 믿어 지상에
꽃불을 켜놓고 기다리다 훌쩍 떠난다면

슬픔 눈물이 폭포처럼 쏟아지겠다
사랑하는 사람아
봄이 오면 꽃과 꽃소식을
무척 사랑한다, 너의 착한 약속이
무소식으로 떠날지라도 이별하진 말자 한없이 흘러내린
꽃이 눈물이 아니라면 꽃소식에 취한 아름다운 강산을
바람처럼 울리지 말자.

공간의 변화

넓은 거실공간의 공간은 물건으로 들어차 있어도
괘종시계 불알소리에 곧 무너지고 만다
공간과 공간 속에 무너지는 초침의 소리
부엌 주방에선 부엌냄새가 나고
거실에선 텔레비전 속에 많은 사람들이
정치와 사회 비평소리에 왕왕 무너지고 있다
무너진다는 것은 너무도 허무한 마음
안전 불감증에 멀미가 난다
무거운 겨울 밤 두터운 잠을 몰아내며
밤 줄기를 찬란하게 익히는 날
휘슬러 그릇에 고구마 익는 냄새가 두텁다
이글거리는 건 밤의 혈기에 반바례한다
할머니가 생각난다
할머니는 늘 인지를 깨우셨다
깨어나라는 흑백의 논리에 글로벌 바둑에서
이세돌이 알파고에 무너졌다는 속보에 놀랍다
인간이 기계를 만들고 인간이 기계에 진다니
인간은 한계가 있어 직립하는 가보다
빛나는 정보통신시대 이제 인간 수명도 100세에서
120세를 넘보는 시대적 파노라마

환자는 가정에서 의사는 병원에서
진찰하는 참 놀라운 시대다
이 놀라운 시대 일본 구마모토현에선 오늘도
강지진이 계속되고 나머지 여진으로
피해가 속출하고 있다는 연합뉴스 특보다.

그릇의 저항

그릇은 저항이 없다
모나면 모난대로
둥글면 둥근대로 저항이 없다

삶을 진정한 그릇대로 살아간다면
작으면 작은대로 크면 큰 대로 담겨져
제 몫을 다 할 것이다

그릇이 인품이라면
남자에겐 남자다운 그릇이 있고
여자에겐 여자다운 그릇이 있다

그래서 남자답고 여자다운
두 그릇이 합치면 더 큰 그릇이 되어
집안에도 화목한 그릇이 놓이게 된다

행복과 행복이 꽃 핀 그릇에 저항은
용광로 얼굴처럼 달아오르리라

목련꽃

하늘이 열리고 있다
하얀 새들이 깨어나 날 채비를 하고 있다
수줍게 오므렸던 마음의 부채를 펴
육신을 에워싸고 오랜 것을 사모하는 그림자들
난 꽃이 되고자 삶터를 찾아 닫혀진
닻을 힘껏 열고 있었다.

철없는 목련꽃은 누구나 사모하지
그러나 빛과 어둠의 측면에서
정반대로 죽어가는 네 모습을 바라 볼 때마다
고통의 씨앗은 그만 주저앉고 말았지
낙화하는 영상을 똑바로 올려본다
봄은 절대 꺾이지 않고 아름답게
용서할거라고 굳게 믿었지

너는 그만 붉은 여름도 채 만나지 못한 채
푸념 끝으로 돌아서 버렸기에
아무런 회고 한번 없이 낙화하는 네 모습이
하도 안타까워 회귀선을 타고 말았지...

가을이 주고 간 사랑

코스모스 꽃길에 흐르는 가을이 있다
밉다 해도 후회 할 수 없는 폭염의 유리벽에
잔잔한 그리움은 거리에 눕고
잔잔한 외로움은 숲길에 누웠다

가슴으로 쓴 수필 속으로 스며든
외로울 가을편지를 꺼내본다
화려한 단풍들이 거리에 눕는다
거리는 화려한 나침반을 들고 서있을 당신에게
가을을 주고 갈 사랑이라면
다시는 볼 수없는 금수강산이다

가을은 산 그대로가 아름답다
비어진 가슴을 채워야 할 때가 왔다
바람과 함께 산을 흔드는 계절의 이데올로기
아직 새벽잠이 덜 깬다 해도
내게 주어진 가을 길은 걸어야 겠다
보상 없이 주고 갈 가을사랑 앞에서

다시 공간에서

어느 한 시인의 발자국에는
녹색 구름이 흘러가도 아무렇지 않았다
화강석 돌계단을 밟고 오르며
하늘 얼굴 찾아 흘러가는 조각배
한 점이라도 성역을 빼으려고 판을 박았다

나는 늘 공간에 대해선 외면하면서도
다시 돌아보고 싶은 나의 태극기
거리가 부산하다
밤길을 밟으면 좋다는 것은 아직 이르다
순환의 기적이 울리기 때문이다
난 시간이 되면 공간을 등지더라도
공간에서 공간을 열고 싶다

우리가 말하는 큰 땅 연길시이건
작은 땅 서울시이건
도시를 탓하지 않을 사정에 흐르다 지쳤다
공간은 아름다운 빈터
공간을 잊으며 지워 버린 날
서른 잔치를 끝낸 시인과 말했다, 아침마당에서……

대합실 풍경

우리가 들어오고 떠나는 대합실 풍경은
모두 보따리를 들고 있다
고독과 슬픔을 들거나 작별과 만남을 들었거나
아무리 바람에 흔들린다 해도
대를 이어 잘 살아가는 나뭇가지들
무언의 사색에 잠긴 채 자막이 흐르는
텔레비전만 전봇대처럼 바라본다
역행할 수 없는 전광판시계가 돌아가고
은행거래가 접속된 금전등록기가 돌아가고
늘 사람들의 분주함은 넓은 빌딩 숲이다
출발시간을 알려주는 대합실
여직원의 세련된 목소리로 알림에 고맙다
어디나 여객버스 운전기사는
아직도 출발시간 5분전 탑승구에 대고
승차권을 개찰하는 모습은 여전히 관습이다
계절마다 전기를 아껴쓰라
공회전을 줄여라 외치는 전기절약멘트
우리네가 지켜야 할 맞는 말이다
대합실은 여전히 특보를 알리는 공간이다

뉴스와이 채널에 시선이 따갑다
세월호! 세월호! 세월호!
틈틈이 낯선 사람들이 여전히 떠나고 채워진다
외롭다 외치던 고속버스는 맨몸으로
만남을 담은 가방을 멘 사람만 태우고
대합실을 일벌처럼 속속 빠져 나갔다.

단절 斷絕

사나운 강풍 불어 꺾이는 것은
나무만이 아니다
아니다

여울에 꺾인 아름다움도 진실도
다 잃어 죄를 구할 수 없듯
재산을 탕진한 사람도
잘나가다 빛을 잃으면
그 빛을 다 잃어
꺾이고 만다

시절 없이 부는
사나운 강풍에 지친 키 큰
미루나무처럼……
단절하는 것에 목을 축이면
고개가 숙여진다.

괭이 갈매기

파도를 끌고 달려온 장고항*에
괭이갈매기 노래가 펄밭에서 자란다
어디론가 목적지 향해 날아갈 듯 비상하지만 마주보는
햇살과 낮달에
그 바다가 그리운 손짓이다
석양에 꺾인 시야들이 옹기종기 모여
붉은 애기로 물 드릴 때
괭이갈매기 무리는 금세라도 폭풍처럼
비상할 듯 흐르는 구름에게 말을 건다
앞 바다에 나란히 보이는 국화도 한 쌍
온 시름 덜고 고추바람에 달려들 때
갓 깨어난 물병아리 떼 행복을 물고
아양을 떤다, 청명한 가을바다 찾아 해변에
몸을 파는 섬마을 해당화군
폭포소리 우렁차게 들려주듯 손 흔들어
바다얼굴에 사랑의 연서를 쓴다.

* 충남 당진군 석문면에 위치한 해안마을

당진시인

난 세상 모두가 세상 만물들이
모두 시가 된다고 믿었다
목청을 높이며 시詩가 된다고 믿었다

난 시인이 되자고 당진시인이 되자고
이해 안가는 시를 읽고
키 작은 책을 읽는 일에 머슴이 되었다
시인은 별난 사람이 아니라서 창고에서 공부하고
황사 나는 사구沙丘에서 책을 읽었다

나는 나서부터 창고에서 공부하고
헛간에서 책을 읽으며 세상을 배우는 문학버러지였다
자동차나 자전거는 굴러야 제 기능을 다하고
제 구실을 다 하는 거다

아미산 아래 서해 땅에 둥지 튼 시인
나는 아미산아래 붙잡혀 풀꽃을 지키는 당진시인이 되었다
누가 뭐라 해도
산에서 시를 얻고 바다에서 시를 쓰고 있다
시인은 별난 사람이 아니라
별을 지키는 별꽃이다

대추나무 아래서

청빈하게 황희정승처럼 살았으면 좋겠다
외톨이 충성의 마음으로 태어난 여름 끝 대추
살 속에 집 한 채 짓고 사열대에 올랐네
마주 보는 검은 썬그라스에 빛을 마시며 오늘은
눈총 없이 두 눈을 마주했다
달콤한 넋이야 제상의 첫머리에
오른 조율이시棗栗梨柿의 중요함이
질서가 있어 서로 자리다툼은 하지 않겠다
너를 보면 제상에 오른 과일들 생각에
씨를 품고 있는 숫자가 중요해
삼정승을 찾기도 하지
그래서 대추는 밤을 그리워하지 않는다
그저 바람 속에 성근바람으로 익어서
적절한 대우를 받을 뿐이다
이 세상에 사양하지 않는 알찬 빛이 되자
아울러 영양가 좋은 열매가 되자
역기능하지 않을 충효의 밀알이 되어
비록 몸에 가시가 박혀도 지상의
미물로 뉘우치지 않는다면
밀림다운 대추나무 숲이 되리라

무표정한 밤

뿌리 깊은 청계산 등줄기 타고 나오면
정신대를 빠져 나온 것 같다
숨 막힌 매봉터널을 빠져나온 편지가 꼬리를 물고
오후 문틈을 통해 배달되었다
기다리고 기다리던 일반 등기우편이었다
아니다 견디다 못해 전해 준 편지
오늘밤은 아마도 이자람보컬그룹이
나를 슬프게 할 것이다
노래도 아니고 형편없는 악보였다
우산을 쓰고 들어야 했다
남의 흠만 나열하는 노래 그래도 슬펐다
어느 밴드의 가수처럼 가사 말이 그렇겠지 말하지만
자정이 넘게 밴드줄이 음을 울렸다 청중도 심각했다
은은한 기타줄에 기력없이 켜지는 반주
밤새도록 들려주었어도 시원치 않다
이자람은 독특한 창법에 나를 울렸다
이자람은 경을 읽듯 밤에게 매질을 했다
비오는 밤이 한 꼭지 틀어 보렴
내가 기다리던 소중한 밤 편지였다
편지를 뜯은 무표정한 밤은 나 홀로였다.

반달곰

지리산에 생명을 씨앗을 뿌린
반달곰이 죽어간다고
나무들은 바람을 불렀다

햇볕을 받아 먹고사는 동물들
어리석은 몸짓이다
가슴을 열고 쓸개즙을 뽑는
파렴치한 사람들 때문에
복부에 물이 차 펌핑해야 한단다

안타깝다
정말 안타깝다
허덕이는 생명의 씨앗들을 보니
반달곰이 어리석은지 사람들이 어리석은지
짐승이여 뒤만 보지 말고
앞장 서 당신이가야 할 길을
곧장 가거라

삶을 잃은 은행나무에게

희망하나 걸겠다고
마당 끝에 심어 자란 은행나무
십년의 생명줄 비바람을 이겨내고 살았지
바람난 연락선을 타고 은행을 추수하던 난
그래도 안중에 너의 기특함을 품었지
가을 끝 내리는 서릿발이 지겹다고
호들갑 떠는 뒷집 노 할머니 등살에
그만, 학살의 칼자국은 추사체로 그려지고
비늘을 떨구며 그만 학살당하고 말았지
계절은 시름없이 지고 잎새 피어날 새 없이
나목이 된 저주, 몸부림 쳐도 이젠 소용없겠지
너 혼자라도 버텨 봐라 버틸 수 있다면
나약한 쇠목이 되고 말았구나
사람이 죽고 산짐승이 죽고
나무가 죽어 가는 마당에 무엇을 탓하랴
모든 우주에 만물은 풀피리 불다가
거리에 악사가 될 것인가
무자비하게 학살시킨 이웃 할머니의 악한
마음결에 연변 사람도 막을 순 없었지

조석으로 드나드는 삶의 소용돌이에
죽음을 생각하는 너, 메마른 너를 볼 때마다
지축을 흔드는 널 볼 때마다
진솔한 안타까움이 향기롭구나.

새맞이 가정부

우리 집에 오랜만에 새 식구가 들어왔다
그 동안 내가 도맡아서 하던 일을
새 식구가 맡게 되었으니 내 팔자가 폈다
새로 들어 온 식구를 소개하면
키는 앉은뱅이요
몸통은 붉은 색 원형에 검은 띠를 둘렀다
걸음은 좌우 사방팔방으로 잔 재주부리며
회전하며 바닥을 쓸고 닦는다
조석은 걱정 없다며 그저 전기코드에만
접속해 달라는 부탁이다
새벽부터 일어나 부산하게 회전하며
집안을 청소하는 로봇청소기
별난 세상의 새 식구다
그렇다고 찌든 땀을 흘린다거나
늘어지지도 않고 잔꾀 없이 그대로
회전하며 회색먼지만 먹고 산다
구석구석 돌아다니면서 먹고사는
로봇청소기 고놈 귀여운 놈
진작 새 가정부로 맞이할 걸 그랬다
IT시대 로봇시대 로봇청소기는 만점이다

기력을 내는 건 전력뿐

먹고 사는 건 회색시대 회색먼지 뿐이다

그 놈 참 귀여운 놈이다

설성의 뜰에 예술의 눈이 내리다

뜰은 깊이 잠들어 있었다
나이를 쉽게 알 수 없지만
강산이 네 번이나 변한 중년인생
조용히 잠들었던 설성의 뜰이
오랜 꿈에서 깨어났다
2010년 2월18일 오후2시
당진문화예술학교를 짓는다고
기공식을 했으니 얼마나 도량이 넓으랴
설성의 뜰은 보릿고개를 넘어
배움의 전당으로 옷을 입고
허기진 배움에 굶주린 여린 학도를 모은
육영 지도자 김상현 만년교장선생의
희망과 꿈이 피어나던 곳
선생은 중등과정의 허기진 배를 채워주려고
온갖 땀 흘리신 열정의 선생님들
큰 대문을 활짝 열고 차가운 바람결에
자세를 낮추어 보듬던 자리 나는
설성의 뜰이라 추억의 학당이라 불러
청운의 꿈을 키워 온 전당이었네

여기 드높은 상록탑 기상이 뻗은 그 터에
문화의 꽃을 피우나니
예술의 꽃을 피우나니
자자손손 문화예술의 혼은 설성만국에서
의롭게 자유롭게 피어나리라

상춘옥이 있던 당진천

태초엔 강이라고 불렀다
아니 태초엔 바다라고 불렀다
푸른 솔숲 도심을 가르며 냇물이 흘렀다
싱그러운 아침들이 이슬을 먹고
생기 찾은 당진천에 팔 베고 눕는다

잔디밭에 와불이 된 염소들
한 때는 초목을 울리는 종소리 때문에
기생들의 육자백이 소리가 가시고
대장간의 용접소리만 제방을 훑었다
순사의 총포가 다녀간 역사의 뒷전에서
즈믄 해의 쪽배를 타고 나르던
짜릿한 새우젓 젓갈냄새 잊은지 오래다

바다는 짜릿한데 매력이 있다
먼 길 웅포에서 돌을 깎아서 나르던
하늘에 물을 길어 우유빛 마음을 섞어
당진 나루터에 나르던 시절
여름장마 거슬러 이름을 되찾아

육신을 쓸어 보낸다면 가문의 영광이다
살림밑천인 가축을 날려 보내던 아픔은
한 여름의 이산가족이었다
오랜 기생주점 상춘옥이 있던 당진천은
오늘도 고공노래소리가 밤을 태운다.

신용카드 환영

경제란 늦이 무자비하게 하차한다
복합빌라 앞에도 신용카드 환영이란
노상 과일가게가 얼마전에 생겼다
신용사회가 온 것은 분명하다
그러나 그릇 된 온상에서 못이 박힌다
거리 모퉁이에서 좌판을 놓거나 노후한
1톤 봉고에서 과일 파는 이동식 청과물시장
현금거래가 아닌 신용카드 환영 가게가 생겼다
인허가 받은 식당이나 주점에서 가게에서
신용카드로 댓가를 지불하면 눈살 찌푸리던
그 시절 어디로 떠났을까
푸념이 마음들이 풀뿌리처럼 왕성하다
신용카드 거래 30년이 흐른 오늘
주유소에도 이동식 체크카드가 생겨
언제 어디서라도 체크하고 스마트폰으로
거래 할 수 있는 시대가 탄생하니
경제신용지수는 빌딩이다
그러나 개인정보만은 꼭 챙겨야 할 시대
정보 유출로 사이버 전쟁이 일어난 시대

신용의 허리는 어느 텃밭에 설까
두려운 피사체가 죽순처럼 쑤욱 자란다
카드 대란 시대다
보이스피싱의 상처가 가시기도 전에... ...

손가락을 빤 적이 있다

그녀의 예쁜 손가락을 빤 적이 있다
여린 손가락을 빤 적이 있다
마디마디 이어진 생명의 계곡
오상의 굴곡들
부러진 이빨도 한 몫이다

통증을 느끼며 바람으로 달려온 목소리
바람에 매를 맞으면서 달려온 욕망의 손가락들
가도 가도 끝이 없다
입이 가렵다
이가 시렵다

귀와 코가 외롭고 부드러워
그녀의 손가락을 빤 적이 있다.
예쁜 손가락을 빤 적이 있다

난지도

서해 난지도에 늦은 오후면 일몰이 낙향하는 것은 육신을 들어낸 것은 풀보다 바람이 많아 대조도 소난지도 섬들이 잠들기 때문이다 은빛 백사장 해변에 나를 빛내는 해당화 난지도 자연의 멋이다

해당화는 내 살을 꾸짖고 도망칠 때면 바다는 벌써 해변을 떠나고 백사장은 긴 잠에 든다 인심 좋고 정 많은 동네 난지도에 살면서도 갈증 나 섬을 떠나자는 해송들 얼굴은 갯바람에 펄밭이 된다 연홍빛 뱃고동소리 바위에 기댄 오래된 섬들 그 해변엔 섬마을 해당화 운치가 있다 숫자 없이 흐르는 세월의 굴레에

유람선타고 사는 당신은 명품이지.
난지도는 해당화가 명품이지
그러나 대산석유화학단지가 보이지 않을
원시적 그 섬을 그리워했다.

표본실의 하루

아주 깊숙이 투명한 표본실에서 염습이 시작 되던 날 어머니의 어머니 얼굴은 백상지였다. 투명한 표본실에 두 염습 지도자는 말이 없었다 사나이는 한번 일회용 비닐장갑을 끼고 창백한 어머니의 얼굴에 스킨로숀을 바르고 선크림을 바르며 화장하던 날 어머니 얼굴은 말을 잃은 창백한 부검의 현장처럼 싸늘한 가슴이었다

세월은 염습의 시간을 알리고 아내가 십년전 마련한 천연삼베 옷 수의壽衣에 꼭맞는 칫수에 슬픔은 더 애절하게 굳어 있었지 표본실 밖에선 가족들은 눈물 바다가 되어 표본실 안에선 형제들이 죽음을 안들 먹구름 낀 하늘 홍수가 되었지 표본실 아니 실험대의 분위기는 운명으로 가는 살얼음판이었지 별마고지를 오르는 포르말린의 순간이었지 지평에 파고드는 순간이었지 어머니의 살꽉한 앙가슴에 내 몸은 파르르 떨며 빨려들었지... ...

3부

환생하는 바다

거리에 뿌려지는 돈

우리가 사는데 힘이 없다고
권력이 없다고 기죽어 살 일은 없다
살아가는 길이 멀고멀어도
먹고 사는 길 다 같은 삶
운 좋고 행복해지고는 자기 탓이다

그래서 사는데 미래가 있어
사람이 미래고
미래가 사람이듯
커가면서 배우고 새 삶을 개척하느니

거리에 버려지는 삶의 껍질이
두껍건 얄팍하건 논하지 말고
아무리 험한 노두목이 있어도 헤쳐나가라

도심의 길 줄기를 살펴보라
오토바이 타고 뿌려지는 거리에 대출황사
돈과의 전쟁으로 사채가 늘고
일수가 판치는 세상

버려지는 것에 논하지 말고
알뜰하게 긁어모아 삶의 깃발을 세운다면
사람이 미래고 미래가 사람일거다.

고등어의 비밀

삶이 비린내 나듯 고등어도 비린내가 돋는다
맨 날 바다가 천국이라고 믿고 떠다니는 고등어
동해가 넓다고 자꾸 윤슬을 밀고서 다녀
노을이 너무도 빛나
난 고등어의 비밀을 캐기 위해
톱 뉴스앵커의 말에 귀를 기우렸어
그런데 김창완 가수가 고등어가 그리워 노래했고
더 그리워 어머니가 넣어둔 냉장고를
아침마다 들썩들썩 했다는데
어머니는 고등어가 좋아서
고등어를 굽고 말리고 했다는데
왜 하필이면 고등어가 황사가 많다는 거지
난 정말 이해가 안가
그리고 환경피해 수치가 높다는 거지
알다가도 모를 일
그래도 내가 고등어를 좋아하는 것은
소화가 덜 되도 쫄깃한 맛에 취하는 거지

깃 털

창밖으로 깃털이 날고 있다
나는 깃털을 달고 걷다보면 뛰고
뛰다보면 자전거를 타고 싶다
그 뿐인가 의욕을 박차고 마음씨를 뿌리는 하루
깃털을 달고 날고 싶은 마음이면
누구나 새가 되고 싶다

세상사 새들은 다양한 꿈을 펼치며
삶을 가꾸며 먹고 사는데
오늘도 네 발 동물에겐 깃털 없는
부자유를 다리다 팔이다 논리가 높다

깃털은 생생한 삶의 수단이다
깃털 없이는 살 수 없는 몸뚱아리로
파도를 타며 집도 나르며 난타를 치기도… …

먼 바다를 외치며 차가운 몸을 보온하는 꿈
깃털은 위대하다
세상을 나는 위대한 비밀이 있다
비밀 있다.

꿈꾸는 파도

나를 일깨워 준 길 찾아
편도로 가면 잊을 수 없는 하얀 도비도가
보이고 황금파도가 나를 반긴다

달빛 같은 목소리
하늘에 걸려 걸어오는 가을 끝
단풍든 낙엽 한 잎, 계절을 넘기면
꿈꾸던 파도는 잠을 드는가

빈 도비도搗飛島는 외롭다
꿈꾸는 파도 찾아 섬이 아닌 내륙에서
메마른 종소리를 안고 도는
파도소리 처얼썩 처얼썩 마음 전하면
너의 화답은 타악기 연주다

들물과 날물에 지쳐 절벽 아래 떨어지는
가냘픈 능쟁이 노래
동네 어머니들은 용돈을 위해
배낭에 갯물을 담으며 호미 날을 세울 때
석양은 이미 서해에 잠겼다.

내 삶에 속눈썹

내 삶에
속눈썹은 몸을 감추고
어둠속에서 세상을 훑어보며 산다

한 치도 안 되는 오솔길에서
한 층도 안 되는 빌라에서
늘 한 세상을 훑어보며 산다

세상을 펼쳐보면 좁다 할까
내가 볼 수 없는 눈썹 속에 눈썹
강줄기 굽이굽이 흘려내려
감정의 오줌을 우려내는 속눈썹

오늘도 사랑의 사다리 타고
오늘도 사랑의 동공을 타고
늘 내 시야를 헤아려 보는 시각의 지붕
속눈썹

그는 나를 만든다.
나는 그를 찾는다.

몽고고원 쌍봉낙타

바람의 땅
고비사막에는 쌍봉낙타가 주인이다
고개 너머 산 고개 너머 사막

모래와 하늘과 바람과 사는
유목민의 삶에 쌍봉낙타가 있어
행복하단다

바람 모래 바람 수시로 사납게 불어오는
모래와 바람이 9할이란다
비는 아주적어 목이 마른단다
우산이 필요 없단다

물이 없는 사막
자원이 없는 사막
살기 위해 십리를 쌍봉낙타 타고와 사는
유목민 생활, 낙타타고 우유 짜러간다
우유가 물이 되고 식수원이 된다
생명수가 되는 몽고고원의 땅
물이 혈액이다

대숲사이 지나는 바람

대와 대숲사이 지나 온 바람에
속 빈 육신의 마찰은 계절이 없다

몸부림치는 그대로
그대로를 위해 들려오는
후회 없는 아이들과 카랑한 여인의 목소리
그래 나는 쓸쓸하게
울려나오는 한 점의 오보에여
바람, 바람에 대하여 아무 말도 하지 않으리

낙조를 타고 불어오는 바람
대와 대숲사이 지나는 바람
부끄러워라 아이, 부끄러워라

숨 가쁘게 달려온 수줍은 들꽃처럼
댓꽃이 피거든 오지 말아라
다짐하는 그대여
중년 여인 앙가슴에 타오르는 정열의 바람이여.

묵향이 흐르는 마을

묵향이 흐르는 초원에 앉아
차령산맥을 이은 명산을 펼쳐보면
예리한 붓 끝에선 서가書家의 도道가 흘렀다

쪽빛 하늘이 점점 짙어지는 계절
신암면 용궁리를 지켜온 추사고택 앞엔
천년 묶은 백송白松 한 쌍이 웅크리고 앉아
몸을 풀어 함박 피어 올랐다

묵향이 지켜온 고택古宅의 이마엔
추사가 뿌린 맥이 팔작지붕 아래 기둥마다
유생들의 가르침도 절규하듯 살아있고
가난한 제주풍경 세한도가 빛났다

때 이른 봄 마당에 경쟁하듯 뿌려진
사과 꽃향기, 수줍은 신암고을에
주인이라며 산들바람 타고 흘러서
곡창지대인 옛 구양도 뱃머리에 내려놓았다

멋과 끼가 살아 있는
추사의 묵향은 세월이 가고 가도
멋스러워 조선의 가슴에 값진 표상이로다
고풍에 신명이 나 역사 속에 때때로
음미吟味하던 묵향墨香의 세한도歲寒圖 풍경에 취해서
먼 길을 떠나왔어도 쓸쓸하지 않았다.

환생하는 바다

태안 앞바다 해안길에 원유를 입고
깃발을 세우며 비상 걸린 기억을 아시는가
진물나게 수심 넓은 기억을 되살려
세상의 허물을 벗겼다
파도따라 해류따라 역류하며 죽었던 바다
다시 일어나 바닷길을 열었다

수많은 사람들에 사랑을 받고
다시 깨어나 메아리칠 때 애환을 끓이던
어촌사람들의 얼굴엔 장미꽃이 피었다

수심따라 전복이 해조류를 먹고 자라고
바다 곳곳에 진을 치는 어패류의 아우성에
해녀들은 눈을 뜨면 바다요 바람을 불렀다

낙조의 시야가 멀어지며 진한 바다의 아우성에
온종일 홀로 떠 놀던 석양도 썰물에 비켜
갯뻘청소에 노동을 팔았다

지치고 지쳤던 갯뻘에 주름이 펴진다
어둡던 해안은 블루오션 드레스를 입고
쪽빛 바다를 향해 떠나고 있었다.

시인의 방

"나를 키운 건 팔할이 바람 이었다"는 미당문학관을 찾아
조국사랑에 가슴 깊은 태극기가 펄럭이는 문학관을 찾아
고창군 부안면 질마재로 2-8를 찾아
마당에 앉아 풀꽃을 본다.
관문을 거쳐 초입에 이르니 브라질 커피향이 흐르는 카페
아직은 이른지 목의자만 덩그러니 놓여있다.

미당은 20세기 한국을 대표하는 시인으로
창작활동 칠십년 동안 천여 편의 시를 발표했다는 시인
나랏말을 가장 능수능란하고 아름답게 구사해
모국어 최상의 경지를 보여 준 시인
후배시인들이 시의 정부 또는 신화로 부른 시인
또 우리나라 시인들이 가장 좋아하는 시인
대표작이 가장 많다는 시인
아직 덜 된 사람이라고 겸손을 내놓은 시인
인자한 마음이 바구니에 가득 담겨 있고
늘 새 것을 추구했던 시인
언제나 그 삶에 몸뚱이나 성격에 잘 어울린 시인...

계단마다 남긴 시인의 몸 냄새가 났다
1층엔 식솔들 공간
2층엔 손때 묻은 서재가
3층엔 친구관계와 피와 땀이 밴 시 묶음들
4층엔 때 묻은 유품과 방송망
5층엔 야호 전망대, 보이는 곳은 바다가 보이고
미당의 묘지와 국화꽃이 자라고 있었네.
여긴 미당께서 쓰다 남긴 시인의 방이었네.

* 미당문학관 자료 참조

슬픈 통인시장

인왕산 남쪽 뿌리에 자리 잡은
옥인동 통인동 누상동에 옛터가 그리워
차 없는 인사동이 되었다
한양의 뒷골목이 삼청동 냄새가 나듯
고향냄새가 옹달샘물이라는데
토박이란 말이 그립다
이마에 이마를 대고 지어진 처마 집들
한옥 근대가옥 적산가옥의 잔여분
이끼 냄새가 뿌리를 내렸을까
시인 이상이 살았고
시인 윤동주가 살았고
화가 이중섭이 살았다는 오줌냄새 나던
통인시장이 선다는데
떡볶이가 맛보기로 매운 닭발이라는데
요즘 동네이름을 다시 세종이 태어났다하여
세종마을이라 부른다네
인왕산엔 꽃길이 무성하고
바위 꽃이 무성하지만
통인시장은 슬퍼도 눈물이 없다.

억새꽃

억새밭이 모두 카페트다
맑은 구름보다 맑고 하얀 그리움이
한 폭이다

광활한 산정에 일렁이는 하얀 물결
억새는 가을편지를 동행한다

산들바람에 교활하게 떠나는 억새 잎의 기억들
은빛 물결이
명품이다

구름
바람
그리고 나
억새물결타고 철새가 날아왔다

초겨울을 재촉하는 동행이다

유머 없는 나

내가 나를 생각해도 멋스럽거나 유머가 없다
그렇다고 싱거운 밀투를 쓰는 나도 아니다
유머는 비평도 아니고 그저 말씨로
즐거움 말을 남에게 전해서
가슴에서 미소가 흘러나와야 한다
어둠의 창고에 불을 켜면
행여 유머가 터져 나오랴
아니다, 쑥스러운 동냥으로 웃음으로
익살부리는 사람보고 개그맨이라하고
익살꾼이라고도 하지
난 일요일이면 일정 방송국에
개그콘서트를 꼭 본다
한 주간에 작성되고 꾸며지는 일들
토막토막 한 소절이 익살스럽고 흥미롭다
유머를 만드는 사람들
난 대단한 사람들이라 칭찬하고 싶다
유머는 남에게 야비하지 않으며 악취도 없다
남을 웃기고 때로는 어린 눈물도 고여 주는 일
아니 스트레스를 해소 시켜주는 일

대단히 위대한 일이다
그렇다고 내가 유머를 못한다 해서
초조하지도 불행하지도 않다
난 시를 짓고 부르니까.

이름난 숲길

울창한 숲속에 원조는 남이섬이었는가
빽빽이 들어서는 인파에 하루를 빼앗기며 줄서 있다
이웃동네 사람들이 우리보다 더 많은
뭍의 섬 관광에
겨울연가는 취해 있었다

청평강 굽이굽이 맑은 물소리 외줄기 다리를 놓고
도심을 빠져나온 아침은 운무에 지쳐 있다

울창한 숲속에 카렌더 이제야 그 전경을 찾았다는 듯
야호에 사람들에게 지친다
그림과 음악회와 딴 나라에 온 듯 호수는 말이 없다
아니 남이섬은 말이 없다

남이장군의 정열적인 충성심에 찬 시조 한 구절 야심차자

白頭山石磨刀盡 백두산석마도진
豆滿江水飮馬無 두만강수음마무
男兒二十未平國 남아이십미평국
後世誰稱大丈夫 후세수칭대장부

백두산의 돌은 칼 갈아 다하게 하고
두만강의 물은 말에 먹여 없애리.
사나이 스무살에 나라를 평정치 못하면
후세에 누가 대장부라 칭하리오.

자랑스럼 숲길
봄 찬란한 벚꽃 길
여름 울창한 메타세쿼이아
가을 화려한 낙엽 길
겨울 눈 덮인 가로수길 운치가 자랑스럽다.

화요일 서정

쉬는 날은 누구나 일요일인데
내 육신이 쉬는 날은 화요일이다
경사 낮은 계단을 오르내리며 사는 인생
내가 쉬는 날이 화요일이다
아내는 평창 쉼터로 하루를 보내고
나는 집에서 쉬다가 서쪽 그늘이 유혹해
눈을 뜨고 마음을 데운다
나른한 육신에 고독도 깨우며 온천이라도 갈까
갈색 두터운 신발에게 묻는다
쉼은 불가능을 가능성으로 유혹해
삶을 굴리는 수단
난 수레를 타고 자연 속을 걸었다
잘게 수놓은 계단을 오르내리며
검색하는 일, 참 경비가 잘 되었습니다
마음 놓고 지하도를 달릴 수 있는 보안시대
괴로움이 있다면 어리석인 일
빈 공간을 좌우로 접는다 다시 흔들린다
좁아진 골목도 두렵지 않다
25시간 두 눈 뜨고 칩거하는 일들
경비는 언제나 자율신경을 차단하는
시대에 주어진 가속열차다

바람을 건지다

은빛 갈대풀이 신석기
빗살무늬처럼 강변으로 금을 긋고 있다
고요함도 한 몫이지
언제나 굉음으로 회전하는 바다 모습
어머니는 그물 매시고 아버지는
바다 한 가운데서 해태 말장을 박으신다

어느새 남녘의 무화과가
태양처럼 익어 늦가을을 유혹한다
보름달처럼 한로寒露가 다가와 농어들이
남긴 소설을 쓸 수 있다면
오로지 밤이 와야 회귀할 수 있는
아버지의 고독한 전설을 읽을 수 있으리라

초강진이 맴도는 바다에 나는 가난한
졸음을 잃은 채 은빛바람에 신설로 같은
화상을 쪼아내고 있을 때
먼 바다엔 등댓불이 은은하다
외로운 등대지기의 하루를 떠나 자정의
일기장을 열며 얼큰한 삶의 바람을
오늘도 성숙한 바다에서 건지고 있다.

마지막 잎새

저승에서도 친구가 있으면 좋겠다
우리의 삶에는 고달픈 시절이
애달픈 시절이 경지정리 되지 않은 채
굴러왔다, 배호의 시대가 그랬다
배호에겐 아픔이 모진 아픔이 있고
구슬픈 애절한 노래가 있다
골목이 골목을 지나 울분을 차지 못해
노래로 이어진 거리 안개낀 장춘단 공원
그를 생각하면 오직 절절한 언어 뿐
판자집이 있고 다락방이 있고
황달의 터널을 지나 흑달로 배가 부르고
시장 병원은 간호사가 없다
돌아가는 삼각지에 앉았다 일어서고 일어섰다 앉고
그날의 꿈은 모두 배호의 노래였다고
배호는 늘 슬펐단다 늘 외로웠단다
병마에 시달리며 작곡했고 노래했고
또 그가 다녀간 터에는 슬픈노래가 자리갑고
외로움은 곧 사랑인가 슬픔도 곧 사랑인가
해인사 도영 큰스님을 찾아 땔감 모으고
운동장만한 마당을 쓸고 내일의 노래를 기다렸다

외롭고 쓸쓸함은 나만이 아닌 늦가을의 마지막 잎새
그 잎새는 사랑의 노래로 세상에 스며들었다.
그는 이승에 없다 그의 노래는 세상에서 늘 흐른다
구슬프게 외롭게 쓸쓸하게 열차는 달린다
모두가 가슴이 며지는 사랑의 노래였다
마지막 잎새처럼......

고통은 아름다운 이름

고통은 아름다운 이름이다
간절하게 애쓰고 노력한 이름 고통이란 아픔을 지우려
는 아름다운 이름이다

인생을 걸어가는데
그런 통증이 없었다면
우리에겐 얼마나 아름다운 지혜가 자랐을까

고통은 슬픔과 절망이 아니다 이겨 내면 모두가 아름다
운 지혜라는데 나는 고통을 배우지 못했다
당신과 함께 고통을 배우고 익혀서 진정한
사랑을 나누었다면 행복은 얼마나 자랐으랴

사랑, 사랑이란 하늘에서 별빛이 반짝거리고 있음을
진작 알고 있다
간절하게 소망하는 것은 간절한 절망을
이겨내며 인생을 체험하는 것이다

고귀한 고통은 진정 아름답다
만약 잔악한 고통에서 풍요로운
결실을 거둔다면 간직한 사랑은
소금보다 진한 짠맛의 체온이 올랐을 것을……

철저한 경제선

봄을 향하여 타오르던 불길이
무더위에 묻혀 시름을 잃었다
모질게 타오르며 기어오르던 첫 눈의
메아리 담장이 아니면 좋으리
부도덕한 세멘트 콘크리트에 앙칼지게
앞장서는 남의 날의 새싹들
남의 땅만 넘겨다 본다
절도꾼이란 말은 아니다
아니다 절도하면 차라리 좋으련만
성급하게 달려오는 하드웨어적 부도덕에
작은 물방울이라도 챙겨야 할
고독한 도덕성이다
넝쿨식물은 고집대로 담장을 타오르며
꾸짖지 말아야 할 운명이다
타오른다는 것은 생명이자
철저한 생리 현상이다

뗏목타고 이사 가는 침개미

지하세상만 꿈꾸며 비판적으로 산
일개미 병정개미 여왕개미들이
무슨 지혜로움을 겪으랴
수상에서 뗏목 타고 지구를 도는 침개미들
무리져 살고 무리져 일터를 떠난다

여왕개미란 놈은 산란기를 간직하고
터널 속에 산다는 거
번식의 과정이랄까 무리져 생각하다가
새 무리를 만들어 분가하는데
가끔은 독한 침 때문에 초상이 난다

아주 먼 선사시대 개미화석을 발견한 뒤
고대식물의 수액 속에서 살았음을 안 뒤
세상을 등지고 떠나는 침개미 떼를 보면
날카로운 독침으로 테러범도 잡는다고……

쾌락한 여자를 끄는 페로몬 향수의 흔적
네가 나를 따르고 내가 너를 따르며
내품는 유인의 지하향수였나

무리져 뗏목 타고 떠나는 침개미떼
삶과 번식을 위한 진풍경은
침개미가 전하는 초음파 풍경이었다.

한파 寒波

시베리아도 아닌 전국에
보일러가 멈추고 전기가 끊기고
식수가 끊기고 인간생명이 안달이 난다
신 새벽도 아닌 대낮에 모두가 꽁꽁 언 하루
나에겐 0도에서 1도를 높이기 위해 온 몸을 달군다
온 몸을 달군다 해서 한파날씨가
인간을 사면赦免 해줄리 없다
보일러공들이 인력이 달려 동부서주하고
기계를 열이나 목이 푹신 쉬었다
밤이면 아내랑 전기스토브 놓고
내무반 생활로 온 밤을 새우고 아침이면
떨리는 몸으로 배관 배때기를 붙잡고
앙살부리고 푸념도 한주가 지나도
기온은 꼼짝 않았다 급기야 주식도 급락한
0도度의 아픔, 1°를 더 올리기 위해
온 몸을 달구는 식솔들의 참 고통
오늘도 기온은 1°도를 오르지 않았다
멀리서 가까이서 달려오는 구제역 여파로
소·돼지를 모두 매몰시켜야 한다는
매스콤에 귀를 기우리면 생매장에

온 몸이 어지럽고 신열이 난다
분뇨처럼 냄새나는 시베리아 냉기류
눈덩이를 안고 살아온 한파의 날들
때 아닌 전국에 정전사태로 부족 된 전기를
마냥 늘려야 한다는 볼멘소리에
전기부족이 무서움을 알고
한파가 무서운 걸 수도관을 보고 알고
한파 고개를 넘어 동파凍破로 몸을 팔았다.

웰빙시대 사직서

삶의 사직서를 들고 나들이 왔다
처음 보는 얼굴
상냥한 미소에 사직서를 든
그녀의 이름은 새싹이었다
새싹은 옛스러운 것이 아니라
멋스러운 것 친환경으로 태어나서
인체를 위해서 누구에게나 공급할
생명의 씨앗들, 먼저 시직서를 낸 것이다
새싹 채소는 미국학자 슈나벨에 의해서
연구 됐다는 블로콜리 새싹이
더 유명하다는 새싹의 말
새싹은 상도역에서 상도를 벗 삼아
거리를 헤매고 있었다
인간 수명 100세 시대 건강식품 시대
날로 상승하는 건강식품 시대
눈뜨고 보살피는 당뇨병, 고혈압, 당뇨병에
관심을 쏟을 웰빙시대 사직서를 든
그녀는 나를 설득하고 훌쩍 떠났다.

4부

황어와 바다

백두대간 등지고

백두대간을 등지고 사는
산은 귀족의 열매처럼 달다
정상에 올라 줄기줄기 내려오다 보다
올려보는 맛은 절경이란 꿀맛이다
사람들이 건강을 위해서 산을 오르건만
해를 입어 하산하는 이도 있다
해란 맥박이 거칠게 뛰고
호흡이 멈추는 고약한 일들
힘들고 무표정한 절벽오름은 삼가하라
봄 산은 가지 끝에 잎이 열리지만
가을 산은 잎새에 물든 채 떠나고 만다
산사에는 승려가 살고
산중에는 산지기가 살지만
햇살이 어둠을 내리면 산새도 목을 조인다
발아래 지나는 마총은 충성심 다해 능陵을 지키니
야생화는 바람꽃 노루귀 산자귀
병초꽃 꽃무릇 개불알꽃 기린초 만병초꽃
모두가 백두대간의 자식이다
명산은 물봉선화 같은 식솔을 많이 데리고 산다
산은 명산이자 국사봉에서
향기 좋게 접사 된 사랑이 민둥바람에 흔들리니
백두대간 이파리는 무용수가 된다

문어 이야기

문어가 점을 친다는 말에
세상 사람들은 모두 놀랐다

정말, 정말로 그건 남아공 월드컵 우승국가를
최종 가리기 위해 스페인과
네델란드 양간에 우승을 올려놓고 점을 친다니
세상 별일이다

믿어야 할지 믿지말아야 할지
구워지느냐
삶아지느냐
튀겨지느냐 갈등은 사해바다다

문어는 무척추동물 중 아이큐IQ가
가장 높다는 평에 승리의 편을 가르기 위해
앵무새도 나오고 악어도 나오고
까마귀도 나와 짜릿한 사해에
몸을 마는 문어가 등장한단다.

나무와 꽃들

산이나 들에다 뿌려 놓은
아름다운 나무와 꽃들이 졸고 있을 무렵
그는 나이 먹지 않으려고 고갤 숙였다
고산지대에 흠결 없이 자란
티 없이 자란 나무와 꽃들
황폐한 땅에서도 서로 기죽지 않으려고
버티지만 자연은 한 몸 되어
생명의 존엄성은 백두산처럼 강하다.
유월 장마에 강한 몸살을 앓고
수숫대처럼 꼿꼿한 몸으로 수직하던 시절
한반도도 아열대 모자를 썼다
헝클어진 머릿결에 저주하던
칠월장마는 고집 센 태풍을 안고와
나무와 꽃들은 그만 길을 잃고 말았다
아! 사랑 없이 잘 자랄 터전 있으랴
메지는 가슴의 눈물은 길을 열지 않았다
감김 없이 잘 풀리는 산맥의 수목들
원추리 꽃 피는 낮은 뫼 뿌리에선
순진한 다박솔이 앉아있다.

바다는 잠들지 않는다

등골이 휜 노숙자처럼 금일도 석양이 진다 고독한 등대 한 쌍 갈 곳 없이 헤매지만 무표정한 얼굴에 소식이 없다 밀물과 썰물의 아우성이다 아우성엔 이유가 없다 가는 곳 마다 절기를 잃고 짠물에 발을 씻으니
찌든 섬에게 말하지 마라
섬은 말할 기력도 없단다
구속 없이 자유로 자란 섬이라서
터널마저 잠들 수 없는 고통의 섬이다
바다야 말하라
바다는 영영 잠들지 않으리라고
먼 뱃길 지키는 외로운 등대에게 말하라

구름나그네

나는 보았네 눈으로
나는 들었네 두 귀로
나는 새겼네 두 앙가슴에

다 같이 사는 세상에
그대의 톤 높은 음성은
봄이 가고 여름이 가고 가을이 와도
꿈틀거리지 않을 한 겨울의 별자리

다시 올 겨울 속에
마음 깊은 수행의 길 위로
도량의 다리를 놓으리

산이여 구름이여
김삿갓의 노랫길 따라 우는 꾀꼬리 울음
재너머 전해오는 산새들의 향수
너와 나는 인연이고 싶네

산색으로 뜨겁게 달아오른
연둣빛 사랑에 이름표를 달고
구름나그네 찾아 왕도의 길을 떠나네

금연석에 앉아서

길을 걸으며
산을 오르며
무언가 잊으려고 애를 쓴다
한 해살이 풀처럼
하루살이 하루살이 벌레처럼 잊으려고 다짐한다

아마, 아닐 거라고 집 앞을 둘러보는
나의 습관, 발길에게 묻겠다

오늘도 전에 켜있던 불빛에 도둑 맞았다
그대는 어디로 갈까
저녁 오름길에 매미가 운다
버스는 떠나고 없는 텅 빈 승강장
금연석에서 나를 부른다

가을마다 마지막 잎새 남겨놓고 떠나는
야속함으로 꺼진 창에 네온만 켜있을 텐데
기력 없던 내 눈에 불이 켜있다
입증 된 금연석에 앉아 인생은 그런 거라고
생명의 쇳대를 깎는다.

자연의 무舞

자연은 누구에게나 주어진 면적이다
자연녹지는 여유로운 녹지대다
지상에 그어진 용도에 따라 곡식을 심고
꽃씨를 뿌리고 연근을 심는 넉넉함
다시 이름을 붙여 지상을 가꾼다.

그 위에 고독이란 난간이 있어
심리학적 놀라움을 잠재우는 터전
고독은 한 몫을 한다
고독은 아득한 식욕이다
식욕은 밭을 갈고 경작하는데
나를 가두고 지구를 회전하는 일
아무래도 어지럽다

바다는 지구의 반 이상을 차지하며
독기부리며 쓰나미처럼 달려와
세상을 눕히고 깨우지만
체제를 비판 할 수 없는 좌표요
우리가 살아갈 나눔의 생명창고다

검게 탄 화전밭을 보라
화전민들은 세상을 바꾸었다 꿈을 꾸었다
별은 빛나는 것 유난히 빛나는 것
물안개 춤추는 자연이 있기에… …

일심천리

바다건너 물길 찾아
일심천리 먼 길을 왔다
텅 빈 크로바 탁자 앞에서
일심의 천도를 향한
길을 열어 몸으로 배우러 동경에 왔다
일심은 한 마음이요
하나의 마음을 채우러 도호스님과 함께
지혜를 배우러 3일간
일정을 받들어 동경바다 구경 왔다
고향의 동백나무가 지혜를 뽐내니
역길 앞에선 나부끼는 소나무 분재
아늑한 노송老松의 멋으로
선심을 깨웠다.

제주도 간 친구

엊그제 제주도 여행간 친구들이
제주도 구경 다하고 어디를 걸을까
올레길 아니 국제공항 변에서 서성거린다고

적도 아닌 추위에서 사나흘씩이나
사슬에 묶여 날개피지 못하고
체념의 비행기 대기표 한 장 들고
노숙자 신세라니 노숙자가 따로 없다고

일하러 간 이웃집 산림기사
산을 측량을 하다가 올레 길을 잃었는지
바다를 측량하다가 성산포 뱃길을 잃었는지
목 메이게 기다리다 지쳐 야간비행기를 탄다고
문자가 왔다

기별은 저승이 아니면 다행이다
언제나 운세가 풀리나
언제나 날씨가 누구러지는가 답답하다
눈보라의 탄식소리가 설화雪花보다
진하게, 진하게 묻어왔다
참으로 두려운 밤이다.

종달새

지상 높이 떠 수직으로 서서
조잘거리는 새를 종달새라 하지요
그는 종다리요 노고지리라 부르지요
그는 생명의 위대함을 태생하는
봄을 불러 하늘 높이 떠
봄날의 파노라마를 불러요
우 짓는 소리는 산이요 들에 뿌리며
봄을 피우며 나를 심란하게 하지요
아이들이 들에 나가 소에 풀을 뜯기며
잔디밭에 누워 하늘을 불러 부끄럼 없이
보내는 그 어린 시절의 추억
어디서나 찾을 수 있나요
고향의 봄을 부르던 봄의 추억을
그 종달새의 울음은 하늘이 푸르고
들판도 푸르고 어린 시절 마음도 푸르러
오늘도 하늘 높이 종다리를 떠 올린다
그러나 종달새가 귀하다.

지하수 터지는 날

그들은 몸을 비꼬며 깊은 말뚝을 박아도
마중 나오질 않았어
어떤 시름이라도 일어난 걸까
밤낮으로 노크를 하며 동력을 집어넣어도
고통은 오늘도 까딱하지 않았어
그들은 기다렸다 내가 갈 곳은 어디며
안장해야 할 곳이 어디인지
지하 오백미터 시추해도 편지 한 통 없는 땡볕
조금도 기별 없는 고통의 씨앗들
그들은 처음부터 애타지 않았어
산골짝 외딴곳에 시름을 박고 버티는
가뭄의 씨앗들 이북에선 더 애탄단지
오늘은 6. 25날, 밀물처럼 밀려왔어
밀려간 반세기 너머 깡마른 나목들
먼동이 틀 때까지 기다린다
온 몸으로 곡예를 넘을지라도
난 기나긴 가뭄의 지하수로 남겠어
장맛비가 흠뻑 온다는 일기예보다
그래도 지하수 터지는 날까진 기다리련다.

동백섬

약속이라도 한 듯 분명
아침을 달려간 곳은 상해가 아니었다
새벽 공기마시며 부산여행 하던 날
안개는 버스를 태우고 달렸다
터널 속을 꽉 채우고 안개의 비밀을 물었다
이웃사촌 막내딸 시집가는 날
처음가본 해운대 동백섬
이름보다는 노래로 실컨 들었다
안개를 벗긴 한 나절 경칩이 지났어도
겹 동백꽃 피어 뭉뚝 하혈하고 있었다
다른 꽃은 분신을 휘날려 낙화하는데
동백꽃은 온 몸을 팔아 떨어지니
안타까운 심정이 가슴으로 내려 앉는다
해안 따라 울타리를 높이 치솟은 관광자원들
광한대교 갈매기가 한 몫 했다
동백섬에 동백 숲에 취해서 쉬려는데
사스레피* 꽃향기가 나를 떠밀어내
달아나고 싶은 마음이 굴뚝이네
APEC 회의가 열렸다는 동백섬

그날의 체취와 의장 책상은 유물이 되어
구경꾼들의 시선은 넘치는 파도에 젖었다
낯선 사람들이 모여서 침묵하는데
갈매기 고물거리는 소리에 눈이 감긴다
동백 숲 사이 수줍은 뱃고동 소리에
빛이 밝은데 내가 알 수도 있는
최치원선생의 토황소격문의 발자취와
퇴색한 동상은 미소만 남아 있었다
토굴처럼 들어갈수록 깊어지는 곳
시인들의 섬이며 시인들의 집이란다.

* 동백섬에만 자생하는 사스레피 꽃향기 닭똥냄새 난다

바겐세일

폭염을 품은 지하철 상가는
여전히 바겐세일 박리다매薄利多賣다
환승하는 사람마다 바쁜 발걸음이지만
한번 쯤 되돌아 볼만한데도 쟨 발걸음은
3호선 교대역에 머문다
원가도 못 미치는 거래에 파는 상품들
점주의 팔뚝엔 문신자국이 쌍용으로 타올라
용기龍旗를 세워 혐오감에 떨리지만
그래도 사람들은 박리다매 속성에 북적인다
원인은 상가에서 삼천 원에 파는 악세사리
팔지 하나에 단돈 오백원이라니 수공도 안된다
지하철은 삼 사분 간격으로 여전히 들고 날고
집으로 직장으로 백화점으로 물어 나른다
오늘은 토요일 증차된 예비차가 뱃속을 채운다
틀니처럼 상하로 움직이는 지하역 통로엔
부지런해야 상거래 할 수 있는
작은 무점포 떳다방이 줄짓는다
계단과 계단사이 파열 된 굴껍질처럼
단물이 다 빠진 껌 파는 할머니
바랑엔 껌 몇 갑이나 담아 왔을까

폭염에 떨려오는 할머니의 손
무슨 사정에 떠는 손으로 껌 파는 소녀가 되었을까
내가 가야할 길이 머얼다 석양을 안고
서해안으로 떠날 몸이라 뒤를 돌아보지 않았다
한 여름 곱게 핀 연꽃처럼 반겨주고 싶은
지하상가 바겐세일 사연을 묻고 싶지 않았다.

찻잔을 보면

백년 넘었다는 노목으로 갈고 닦아 만든
투박한 탁자에 놓인 정교한 찻잔을 보면
산마루가 얼마나 높았는지
눈높이로 그 진실을 알 수 있다

핏기 없이 자란 고상한
단상 위에 놓여 진 착한 찻잔
그 찻잔 속에 지상의 마음을 담아
옛 연인과 노닥거리던 때가 생각나고
또 패기 없이 말문 열던 친구가 생각난다

석양은 바다 위에서 마음을 투석하고 있다
모양이 각기 다른 마음을 담은 찻잔들
그 찻잔은 어느 도예가의 손길일까
연륜 없는 아마추어가 빚어낸 손길일까
아니면 길 잃은 도공이 빚어낸 찻잔인가 묻고 싶다.

그래 누가 빚어냈다 한들 어떠하랴
명인이 아닌 아마추어가 빚어냈다 해도

그 찻잔 속에 생각과 이상은
그 찻잔 속에 그리는 마음의 빛이라네

오늘도 투박한 탁자위에 놓인 찻잔을 보며
불타는 사랑을 마시고 싶다
그리고 자귀나무 아래서
앉은뱅이 제비꽃 사랑도 태우고 싶다.

낮 술

대낮부터 마신 술을 낮술이라며
낮술을 마시면 애도 어른도 모른다는 옛말에
부끄럼이 장독대까지 가득 차올랐다

하기 싫은 숙제처럼 낮술이 차오르기 까지
발효된 못난 사내들의 행태
온갖 풀잎이 물들어도 부끄러워하지 않았다

종강 없는 낮술에
밤을 홀딱 까먹어 버렸다
잠시 후 새벽달이 나를 불렀다.

지난해 겨울

눈 섶을 적시고
못 난 얼굴을 적시고
그 후 마음까지 흥건히 적시는 밤
그래서 겨울은 처절히 떠나는가보다

도시마다 밤 허리를 매고 현란하게 내리는
오색 네온 불에 낯선 겨울밤을
찬바람에 흔들리고 나면
혹한이 튀어나와 진한 겨울 향수를
등에 진 오늘은 소한小寒
돌아올 대한大寒이 두렵다는 해묵은 신호등
앞에 진실한 출혈이 흐른다

낯선 사람들의 목소리가 두드러지게
교차하는 겨울밤, 그 밤을 수위하며
교란에 들떠 있는 인정 때문에
겨울밤을 해부한다

다시 심어 논 찔레꽃 같은 봄빛을 위해
옷 입은 대자연들 동면에 취했던
시절을 모두 잃고 낮은 포복으로
시련의 길거리에서 슬립한 잠에 들겠다.

청솔모 산책

낯선 태풍이 산산 부서진다
바다 멀리 바람을 몰고 비를 몰고 파도를 몰고
칠백마일 해상을 타고 북상하는 계절
대한해협은 위협의 모자를 썼다
다행이 빠져나갈 거라는 기상청 보도
그 예측을 믿을지 말지
국립공원 등산로에 물오른 오후는
짙은 피 냄새가 흘렀다
산행 해난사고로 헬기가 뜨는 불안감을 털고
한 여름 지나자 옥잠화 부리에서 쏙 내민
흰 옥잠화 꽃을 보니 추억어린 사랑이 솟았다
북상하는 태풍에 꽃향기 달아날까 두려워
붙잡아 두고 싶은 충동의 설레임이
학유정 목각의자에 내려앉으며 유혹한다
아침안개에 잠겨 심상心象에 젖은
키 큰 전나무 가문비나무 단풍나무 굴참나무
떡갈나무 사이는 백제궁전이다
겁 없는 태풍에도 마다않는 청솔모
가지가지 사이 넘나드는 육상선수였다.

키위를 먹으며

잃었던 기억을 되살려
지구의 반쯤 마을에서 너를 먹는다
남극이 가까운 호주를 지나
뉴질랜드 남섬까지 호적을 옮겼다
푸른 초지는 양떼나 소떼의 젖줄에 먹히고
육지에 타조도 고향이었다
굽이굽이 드넓은 대초원에 키위박사가
길러낸 자랑스런 세계적 키위
고향이 일본이 될 뻔 했다는 낭설에
키위는 마음의 칼로 지구의 반을 가르듯
자르면 점점이 박힌 지구 사람들
맛나는 세상에서
무능도원처럼 무르익고 있었다

한 겨울 찾은 친구들

한 겨울 막술이 생각 나
한두 잔 마시다 보면 눈보라 치듯
철없이 TV에서 쏟아지는
수많은 채널 때문에 어지러울 때가 있다

날로 터지는 뉴스라인들
수명 백세를 자랑하며 빈틈만 있으면
부모사랑 상조며 암보험 광고다
나이 관계없이 묻지도 따지지 않는다는
말에 두 귀가 쫑긋
노인들은 보험광고에 어깨가 무겁다

혹한이 몰려와 얼어버린 겨울벌판
죽음의 날들이 근시적으로 다가온 탓일까
수많은 채널이 쏟아져 옷을 껴입어도
떠는 걸 보면 나이든 게 사실이다

어느새 청둥오리 날아와 군무群舞하는
하늘이다, 혹서酷暑를 감추려고 날아온 걸까

텅 빈 벌판에서 먹이를 낚으며 곡예 하는 철새들
작년에 왔다간 친구는 아닐까
겨울에게 길을 물으니
지난해 왔던 그 친구가 사뭇 그립다.

한 여름의 저항

맑게 개었던 하늘을 덥고 구름을 불러 모았다
행여 비를 내려주길 바라는 소원
농부 눈엔 망막이 흐리다 사색에 잠긴다
인심 많은 사립문이 잠겼다
하늘을 채일로 가렸으니 탄식이 절로다
원하는 대로 빗발이 내려주고
원하는 대로 잠글 수 있다면 좋으랴
추녀 끝이 둥지 튼 말벌들이 몰려와
아른거리는 순간 가뭄은 어찌 적敵이려나
하천마다 목마른 신세다
하수구의 찌든 때가 나이테를 입고
기우제라도 지내줄 바램이었다
고독한 노염 끝에 바람소리가 들린다
물소리나 들려주지, 농부의 맘을 풀어 주려나
농무農舞는 절로다 나비 손짓에
애타던 아버지 가슴도 환한 미소가 피었다
가뭄을 사람 맘대로 조절 할 수 있다면
얼마나 경이롭고 웃음꽃이랴
애타던 고추포기 시듬병에 취해

독한 살충제 맛으로 친환경도 멀다
해마다 가뭄 끝 애타는 시선들
무극의 저녁노을이 더 붉다
맑음에 취해서 가뭄이 와 솔깃한
비바람을 기다리면 가뭄이여 사라져라
외친다 해도 튼실한 나무들이 물소리
바람소리는 꿈을 꾼다
폭염에 가슴 타던 어머니 마음
어떤 징검다리를 놓았을까
가르마 한 논밭에는 하얀 미소가 피었다

톱날이 생각날 때

그윽한 산속에서 톱날이 생각날 때는
마음 한 도막 자르고 싶다
동력 아닌 무동력으로
산마루 깊숙이 잘라서 나무를 키운다면
톱의 그리움을 어찌하오
톱은 위대한 놀음이라 나무를 자르고
계곡물에 마음을 씻는
그것에 대하여 탓하지 않을
그 무엇, 절제의 요건일 거야
산마루에서 내리는 폭포는 위대한 만남이지
몸을 세로 질러 고통을 준다는 것
고통을 깎아내고서야 알 듯
선의 예술을 만드는 것, 그 바로
나는 폭포를 아껴 흐르는 물에 바위가 되어서
씻기고 씻기는 폭포의 동요
산앵山櫻의 아픔을 간직하여 다람쥐는
도토리를 까먹으며 겨울을 챙기는
약속의 두뇌, 바다를 잊고 어찌 섬이 되랴
산중 수옥폭포는 산과 바람을 녹이는 요술쟁이

톱이 생각 날 때 바위가 되어 섬을 자르고
고통의 산은 계곡을 자르며
산짐승의 둥지를 녹이고 있었네.

황어와 바다

삶의 터전이던 그 넓은 바다를 마다하고
강으로 오르는 이유를 알 수 있는가
유목민의 삶처럼 떠나고 싶어서 그런가
어느새 바다를 버리고 울산 태화강 상류까지
올라왔다는 소문이 파다하다
죽음 반의 상처에 모질게 몸 타작도 놓치지 않고
군살 없이 육신과 정신만 남아 헌신짝이 되었다
토끼처럼 살아 온 어린날의 추억들 경칩을 등지고
맑은 물 찾아 오른 그 산란 위한 끝 희망
진달래 꽃향기 물고 상류 여기가지 왔노라
물반 고기반의 화면 속에 환영하는
비창의 날개를 세우고 상류하는 그 목소리
황어의 몸부림으로 남아서 자갈밭을
신천지로 알고 알을 낳는 잉어과의 황어
울산사람들은 기력을 찾는다고 경칩의 마당에
손사래 낚시를 흔쾌히 던진다
일생을 바다에서 살다 거슬러 오르는 황어떼
오를 때마다 흐느끼는 고독한 몸부림
생태의 고충도 모르고 쭈그러진 남비에

어죽 끓는 소리를 듣는다면
그는 상류의 물길을 버겁게 오르며 놀랄 것이다

섬

섬은 사람을 품고 꽃을 품고 자유로 산다
사람은 꽃을 품고 섬을 품고 향기롭게 산다
모두가 사람이고 꽃이고 섬이다

해설

시간의 지문에서 발화하는 삶이야기

신익선

해설

시간의 지문에서 발화하는 삶이야기
– 홍윤표의 시세계 –

신익선(문학평론가)

1. 상상력의 개방

　시를 쓰는 이유는 무엇일까. 시인으로 시를 쓴다는 것의 궁극은 무엇일까. 시의 결과는 무엇인가. 아니, 무엇이어야 하는가. 시를 쓰는 행위는 이 지상에서 무엇을 위함인가. 시 쓰기가 시 예술, 그 자체에 봉헌하는 예술의 영매인가. 시인으로 고뇌하며 밤새워 써 가는 시의 종착지는 어디인가. 시는, 그리고 시인은 무엇을 위하여 '시'라는 제단을 차려놓고 시를 써가는 외로운 사투에 전전긍긍하다 늦은 밤에 홀로 잠드는가. 눈에 불을 켜고 더 좋은 아파트에, 더 좋은 승용차에, 더 높은 지위와 더 많은 명예를 향하여 돌진하기에 여념이 없는 세상 사람들에게 휘황한 자리를 내어주고 난 뒤 음습한 골방에 들어가 미친 듯 시를 써 가는가. 대책 없는 이 짓거리는 도대체 뭐란 말인가.

시 쓰기와 시인이라는 다양한 의문부호 속에는 이런 물음의 꼬리표들이 산다. 이들은 자신의 시집에서 이른바 공격기호들, 이를테면 환상적이고 격렬한 이미지들과 잔인성, 그리고 절대적인 지적 자유를 꿈꾸었던 프랑스의 시인 로트레아몽을 연상시킨다. 그의 삶은 그렇지 않았지만 그는 자신의 작품에서 삶에 대한 부정, 그리고 삶과의 결별을 획책했다. 내 작품 속에서 나 자신이 그동안 살아온 삶을 부정하는 것, 그리고 내가 그렇게도 애착을 하며 추구해온 나의 삶과 결별하는 것, 그것이야말로 전혀 새로운 자유 아닌가. 그것은 그동안 내가 몸 담아왔던 한 세계에서 완벽하게 이탈하여 만나는 나와의 조우 아닌가. 로트레아몽의 시집 《말도로르의 노래》를 '공격성의 시어'로 읽어낸 이는 바슐라르다. 바슐라르는 '팽창의 힘을 뛰어넘어 진정으로 상상력을 개방하는 계획의 시로 변형시켜야만 한다'고 말한다. 이것이 소위 바슐라르가 명명한 '상상력의 개방'이다. 이는 어느 하나의 객체나 영상, 혹은 사물을 특정하지 않는다. 요새 새롭게 각인되어지는 로컬리티즘에 의한 지역 거명에서부터 고향의 작은 개여울, 시냇가의 조약돌, 밤하늘의 별, 귀뚜라미 울음, 계절의 순환 등등에 이르기까지 다양하게 망라하는 다중의 항체를 의미한다.

이에의 연결고리가 홍윤표의 새로운 시집, 「당진 시인」 전편에 걸쳐 내재된 이미지의 민낯이다. 이 시집은 홍윤표 시인이 현재 살아가고 있는 당진이라는 주변부의 사소한 물상과 '난지도' 등등과 같은 고유 지명을 차용하여 끊임없이 전개되는 고향 언저리 무수한 물상에서 발굴해낸 낯 익은 풍경들을 등장시킨다.

①

서해 난지도에 늦은 오후면 일몰이 낙향하는 것은 육신을 들어낸 것은 풀보다 바람이 많아 대조도 소난지도 섬들이 잠들기 때문이다 은빛 백사장 해변에 나를 빛내는 해당화 난지도 자연의 멋이다.

해당화는 내 살을 꾸짖고 도망칠 때면 바다는 벌써 해변을 떠나고 백사장은 긴 잠에 든다 인심 좋고 정 많은 동네 난지도에 살면서도 갈증 나 섬을 떠나자는 해송들 얼굴은 갯바람에 펄밭이 된다 연홍빛 뱃고동소리 바위에 기댄 오래된 섬들 그 해변엔 섬마을 해당화 운치가 있다 숫자 없이 흐르는 세월의 굴레에

유람선타고 사는 당신은 명품이지.
난지도는 해당화가 명품이지
그러나 대산석유화학단지가 보이지 않을
원시적 그 섬을 그리워했다

- 〈난지도〉 전문

②

나는 보았네 눈으로
나는 들었네 두 귀로
나는 새겼네 두 앙가슴에

다 같이 사는 세상에
그대의 톤 높은 음성은
봄이 가고 여름이 가고 가을이 와도
꿈틀거리지 않을 한 겨울의 별자리
(생략)

- 〈구름 나그네〉 일부

③

난 세상 모두가 세상 만물들이
모두 시가 된다고 믿었다
목청을 높이며 시詩가 된다고 믿었다

난 시인이 되자고 당진시인이 되자고
이해 안가는 시를 읽고
키 작은 책을 읽는 일에 머슴이 되었다
시인은 별난 사람이 아니라서 창고에서 공부하고
황사 나는 헛간에서 책을 읽었다

나는 나서부터 창고에서 공부하고
헛간에서 책을 읽으며 세상을 배우는 문학버러지였다
자동차나 자전거는 굴러야 제 기능을 다하고
제 구실을 다 하는 거다

아미산 아래 서해 땅에 둥지 튼 시인
나는 아미산아래 붙잡혀 별을 지키는 당진시인이 되었다
누가 뭐라 해도
산에서 시를 얻고 바다에서 시를 쓰고 있다
그래 시인은 별난 사람이 아니라
별을 지키는 별꽃이다

– 〈당진시인〉 전문

난지도다. 당진 북쪽 서해바다에 살림을 차린 섬, 난지도 얼굴이 언어를 발하는 난지도 섬 이야기가 ①의 시편이다. 여기에서 화자는 '일몰이 낙향하는 것'에 주목한다. 연이어 나오는 '육신을 들어낸 것'과 동의어이다. '일몰'도 몸을 입은 형체다. '일몰'도 삶이다. '일몰'이 '낙향' 하면서 드러낸 '알몸'은 마치 사람이 죽어 염습하는 과정과 유사하다. 사람이 지상에서 마지막 목욕을 하고 마지막 식사를 하고는 지하의 저 영원한 세계로 귀향하듯이 '일몰'의 삶도 '귀향을 하게 되고' 마침내 '알몸'의 모습을 현현한다. 새벽미명을 밝히면서 두근거리며 떠올랐을 아침 태양이 하루라는 생애를 살고 어둠의 해변을 향하여 다가와 어둠의 바람 속으로 어둠을 남겨놓고 서서히 사라져가는 '일몰'의 순간에서 이 시집의 첫 모티브를 발견해 낼 수 있다. 시는 언제나 한 모티브에 기반을 둔 변이變異다. 즉 같은 종류의 개체 사이에서 시인의 붓끝으로 말미암아 형질形質이 달라지는 물상이다. 홍윤표에게 있어 이는 아침부터 저녁 무렵까지의 삶을 마감하고 다가오는 하루의 종말, 곧 '일몰'이라는 '죽음'을 읽어내는 시안詩眼으로부터 적용된다. '일몰'이 '낙향'하는 곳은 밤이다. 따라서 '일몰'의 고향은 밤이다. 그렇다면 왜 밤인가. 그것은 난지도의 훼손이다. 천혜의 섬, 원시림, 이라는 난지도 고유의 서정이 가로막힌 까닭이다. 하늘과 바다를 가로막는 '대산석유화학단지가 보이지 않을/ 원시적 그 섬을 그리워했다'라는 화자의 독백은 탄식에 가깝다. 자연회귀의 염원이 담긴 이 구절은 '일몰'이 귀향하는 밤의 말이다. 난지도에 사는 '해당화', '해변의 파도', '해송들 얼굴', '갯바람의 펄밭', '연홍빛 뱃고동 소리', '바위에 기댄 섬', '숫자 없이 흐르는 세월의 굴레'의 테두리도 밤이다. 베갯머리와 의논을 하는 혼자만의 밤 시간인 것이다.

바로 그 시간일 것이다. 음습한 지상에서 저 높은 하늘의 꽃, '겨울의 별자리'를 토설하는 일이 벌어진다. 상상력의 새로운 세계다. 그에 의거하여 밤이 펼쳐내는 하늘의 여러 가지 형상변화의 운행을 설파한 시편이 위 ②에 나온다. 절망에 들어서야, 밤의 절망에 들어서야 만나는 생의 위대한 스승인 절망에 진입하여서야 시적화자의 눈은 비로소 우주의 만물이 서로 유기적인 관계를 형성하여 어둔 밤을 밝히는 형상을 목도하고, 듣고, 앙가슴 속 깊이 새기게 된다. 그래서 화자는 독백에 가까운 이런 시어들, '나는 보았네 눈으로/ 나는 들었네 두 귀로/ 나는 새겼네 두 앙가슴에'라고 말한다. 시각과 청각, 그리고 가슴속의 느낌, 심상心象이라는 인간의 감각을 기표를 토설하는 일은 또 확신이다. 눈으로 보고, 귀로 듣고, 가슴으로 느끼는 일만큼 확신을 갖게 하는 일은 없다.

 이 중요한 감각기관을 내세워 홍윤표가 말하고자하는 핵심은 '꿈틀거리지 않을 한 겨울의 별자리'를 찾아내는 일이다. '꿈틀거리지 않을 한 겨울 하늘의 별자리', 분명히 이 일은 홍윤표가 추구하는 이승에서의 가장 주요한 목표, 곧 시 쓰기이다. 시 쓰기, 시인, 당진시인이 홍윤표가 추구하는 지상에서 하늘에 닿는 유일한 홍윤표의 별자리이다. 별자리에 해당하는 홍윤표의 시를 구성하는 주요 인자는 또한 굳건한 믿음이다. 그것은 통칭 삼라만상森羅萬象인 동시에 믿음으로 충일한 믿음의 인물에의 은유다. 삼라만상 및 사람들이 옆자리 위치하여 함께 살아가면서 동행한다는 관점이 이 시편에 자리한다. 이는 '구름 나그네'로써, '생은 한 조각구름이 일어남이요, 죽음은 구름이 스러짐이다' 라 본 장자莊子나, '산 자는 지나가는 나그네요, 죽은 자는 돌아가는 사람이다' 쓴 이백李白의 관점에서 보듯이 '구름 나그네'는 삶의 총체성을 구체적으로 드러낸 합성어다. 즉, 하늘물방울들의 한 현상인 구름과 지상인간군의 한 물체인 나그네가 합성된 '구름 나그네'를 통하여 진정으로 소중한 생애의 정점이 '한 겨울 별자리'라는 깨달음의 하늘 별자리에 풀어놓기 시작한 것이다.

 그리고는 '한 겨울의 별자리'는 마침내 ③의 시편인, '아미산 아래 서해 땅에 둥지 튼 시인/ 나는 아미산아래 붙잡혀 별을 지키는 당진시인이 되었다' 라는「당진 시인」을 쓴다. '한 겨울 별자리'가 '별꽃'이 되는 전개과정이 「당진 시인」에 고스란히 담겨 있다. 이 시편에서 홍윤표 시인 자신으로 읽히는 화자는 '난 세상 모두가 세상 만물들이/ 모두 시가 된다고 믿었다/ 목청을 높이며 시詩가 된다고 믿었다' 고 말한다. 다른 사람 눈치코치 안보는 대사다. 일견 홍윤표의 시 쓰기는 자유며 일탈이다. 일탈은 텍스트와 가상의 규범을 부순다. 홍윤표 시인에게 있어 '시인'은 특정인이 아닌 '모두'로 인식된다. '모두'라는 명사와 부사를 혼재한다. '난 시인이 되고자 당진 시인이 되고자/ 이해 안 가는 시를 읽고/ 키 작은 책을 읽는 일에 머슴이 되었다/ 시인은 별난 사람이 아니라서 창고에서 공부하고/ 황사 나는 헛간에서 책을 읽었다/....생략..../ 그래 시인은 별난 사람이 아니라/ 별을 지키는 별꽃이다' 라는 비교적 호방한 풍의 시인에 대한 시안詩眼을 표출하기에 이른다. '창고에서 책을 읽고, 이해 안가는 시를 읽으며, 문학버러지로' 살아오다가 '아미산 아래'에 둥지를 틀고 시를 쓴다고 한다. 각자의 삶이 독특하고 유일하듯이 적어도 홍윤표의 시에 대한 변용은 독특하고 유일하다. 이렇게 시도 시 생애를 산다. 단지 시인의 불타는 가슴과 손을 통하여 생몰이 의존되는 것이 아닌 시의 삶을 산다. 이번에 발간하는 시집 제목이기도 하지만 이 「당진 시인」 시편의 변별성은 로칼리즘 상상력의 결합에 있다. '당진'이라는 고유지명이 시간의 지문을 형성하면서 만들어내는 스토리텔링의 시적 변용이 주를 이루어, ①의 시편 '밤'에서 전개된 ②의 시편 '하늘 별자리'로 변이되다가 그리고는 다시 ③의 시편 '별꽃'으로의 전이로 승화되는 것이다.

2. 생각의 근육

 홍윤표의 일련의 시편들은 어떤 외적인 사건이 주어지면 대응하는 정서를 즉각적으로 환기시키는 방법에 능숙하다. 항용 객관적 상관물으로 명명한다. 이를 처음으로 명시한 엘리엇 자신도 스스로가 이 말의 탄생에 놀랐을 정도다. 일단의 대상이나 상황, 그리고 일련의 사건이라는 외적인 일이 주어지면 그에 대응되는 정서를 예술의 형식으로 표현하는 방법이다. 대체로 평온한 심신의 상태를 유지하는 홍윤표의 무수한 시편에 내재된 음률들이 발산하는 과거의 추억과 현재의 사건들, 그리고 미래에 대한 상상의 예단들은 모두 홍윤표 시세계를 간섭하는 객관적 상관물이다. 홍윤표에게 있어 과거는 결코 과거로 국한되거나 사라지지 않고 재현된다. 반드시 다시 되살아나 현재의 현실에 투영되어 시편으로 되살아난다. 그리고 이 표백된 삶의 얼굴은 삶과 죽음이 담긴 시편인 '표본실의 하루'에서 일어나는 현상들을 지나쳐 다시 미래로 연결되는 촉매 역할을 감당한다.

  아주 깊숙이 투명한 표본실에서 염습이 시작 되던 날 어머니의 어머니 얼굴은 백상지였다. 투명한 표본실에 두 염습 지도자는 말이 없었다 사나이는 한번 일회용 비닐장갑을 끼고 창백한 어머니의 얼굴에 스킨로숀을 바르고 선크림을 바르며 화장하던 날 어머니 얼굴은 말을 잃은 창백한 부검의 현장처럼 싸늘한 가슴이었다.
  세월은 염습의 시간을 알리고 아내가 십년 전 마련한 천연 삼베 옷 수의壽衣에 꼭 맞는 치수에 슬픔은 더 애절하게 굳어 있었지 표본실 밖에선 가족들은 눈물의 바다가 되어 표본실 안에선 형제들이 죽음을 안들 먹구름 낀 하늘 홍수가 되었지 표본실 아니 실험대의 분위기는 운명으로 가는 살얼음판이었지 별마고지를 오르는 포르말린의 순간이었지 지평에 파고드는 순간이었지 어머니의 살팍한 앙가슴에 내 몸은 파르르 떨며 빨려들었지… …

  – 〈표본실의 하루〉 전문

  염습의 현장이 그려진 이 시편의 스케치에는 '어머니의 어머니', 곧 이 땅을 일궈낸 생명의 임종 순간이 그려져 있다. 이번에 펴내는 홍윤표의 전체 시편들 중에서 가장 리얼한 작품이다. 동시에 가장 생소하면서도 적합한 표현이기도 한, '백상지'는 희디흰 백지다. 하얀색 도화지 같은 망자의 핏기 없는 모습을 그려낸 말이다. 망자를 염습하는 풍경, 그 핏기 없는 얼굴을 하고 어디로 가시는가, 어디서 왔다가 어디로 가시는 것인가, '어머니의 어머니'라는 생명의 근원을 포함하여 인간의 생명은 어디로부터 왔다가 어디로 가는가. 애초 어머니는 생명을 받아 다시 생명을 낳으셨지만 그 '어머니의 어머니'는 시방 당신 스스로가 하시는 게 아닌 '두 염습 지도사'의 강제에 의하여 '얼굴에 스킨로션'을 바르며 화장을 하고 누워계시다. 그리고는 며느리가 정성껏 마련해둔 천연삼베로 만든 수의를 입고 계시다. 어디로 가시려는 걸까. 어디로 가셔서 누구에서 선보이시려고 몸 치수까지 꼭 맞는 옷일까. 꼭 맞는 옷을 입으시고 타인의 손에 곱게 꽃단장을 하시고는 어디로 가시는 것일까. 이승을 막 건너가시는 이 염습의 현장은 유리창문과 출입문으로 경계를 이룬 공간에 위치한다. 그 자리는 생명을 나누어 주셨던 손길과 따스한 생명의 근원이었던 망자와 애끓는 마음으로 지상에서 한 공간에 거하는 마지막 순간이자 저승을 기웃거리는 공간이기도 하다. '눈물바다를 이룬 가족'과 망자의 곁에서 염습을 바라보는 '형제들'은 서로 염습하는 현장의 안과 밖으로 구분되어 있다. 마치 이승과 저승으로 구분되듯이 시편 화자는 안과 밖에 머무르는 호곡號哭을 들어올린다. 이들 시행詩行의 종착지는 '어머니의 살팍한 앙가슴에 내 몸은 파르르 떨며 빨려들어' 가는 일이라고 시적화자는 말한다. 저승과 이승의 공존현상이다. 곧 무화無化한다. '백상지'다. 홍윤표는 이 '백상지'를 앞세워 염습의 과정을 '표본실의 하루' 라 한다. 동물이나 식물, 광물 따위의 실물이나 견본을 보호하거니 진열하여 놓은 대신에 '염습'이라는 의식을 통한 삶의 결과물이 진열된 이 '표본실의 하루'는 이승에서 죽고 저승에서 재생하는 종교의 통과의례이기도 하다. 누구나 다 걸어가야 하고 통과해야하는 엄정한 곳의 표본이다. 그것도 단지 '하루'라는 일 년의 최소단위 안에서 이루어지는 일들이다. 죽음이란 것, 그리고 죽음 뒤의 염습이란 것, 그리고 삶이라는 것은 결국 삶이라는 표본실의 '염습'이다. 이 '염습'이 삶의 '표본'이란 자각이 시편 전체를 관통하고 있다. 이는 눈앞에서 현현되는 것만이 아닌 눈에 안 보이는 생각의 지평을 향하는 홍윤표의 고요하고 그윽한 시선의 연장선 위에 놓여 있다. 홍윤표의 이런 관점은 '은빛 갈대풀'을 통하여 바라본 '고요함'을 바라보는 다음의 시편에서도 여실히 드러난다.

은빛 갈대풀이 신석기
빗살무늬처럼 강변으로 금을 긋고 있다
고요함도 한 몫이지
언제나 굉음으로 회전하는 바다 모습
어머니는 그물 매시고 아버지는
바다 한 가운데서 해태 말장을 박으신다

어느새 남녘의 무화과가

태양처럼 익어 늦가을을 유혹한다
보름달처럼 한로(寒露)가 다가와 농어들이
남긴 소설을 쓸 수 있다면
오로지 밤이 와야 회귀할 수 있는
아버지의 고독한 전설을 읽을 수 있으리라

초강진이 맴도는 바다에 나는 가난한
졸음을 잃은 채 은빛바람에 신설로 같은
화상을 쪼아내고 있을 때
먼 바다엔 등댓불이 은은하다
외로운 등대지기의 하루를 떠나 자정의
일기장을 열며 얼큰한 삶의 바람을
오늘도 성숙한 바다에서 건지고 있다.

– 〈바람을 건지다〉 전문

  바다광풍이 유능한 뱃사공을 길러낸다는 말은 고전이다. 망망대해에서 격랑에 휩쓸릴 때, 바람의 풍향과 돛의 고저를 이용하여 위기를 타파해 낸 역량은 기술이다. 가정을 비롯하여 사회생활도 풍랑을 만난 사공의 역할에 버금간다. 어부가 바다에서 건져 올리는 것은 고기가 아니라 바람이라는 위 시편의 전반부는 '고요'에서 출발한다. '신석기 빗살무늬'를 강변의 '은빛 갈대풀'로의 비유가 돋보인다. 그만큼 시적 화자는 고요하다. '언제나 굉음으로 회전하는 바다 모습'을 잊을 리 없는 생활 현장에서 뱃사공은 '어머니는 그물 매시고 아버지는/ 바다 한 가운데서 해태 말장을 박으시는' 어촌의 '어머니와 아버지'다. 김 양식을 하는 어촌의 어부모습이 이 시편의 기록이다. 2연에 이르러선 '오로지 밤이 와야 회귀할 수 있는/ 아버지의 고독한 전설을 읽을 수 있으리라'로 보아 이쯤해선 '아버지'의 부재를 우회적으로 표현한 것이라 보인다. '한로寒露'라는 절기는 뜨거웠던 삼복더위가 사라지면서 찾아오는 절기인 추분秋分을 지나 서리가 내린다는 절기인 상강霜降 사이에 있는 절기다. '아버지' 라는 이름은 뜨거웠던 계절인 여름의 이름이다. 그 뜨거웠던 이름, '아버지'가 전설로 남게 되는 일은 아버지의 부재 말고는 없기 때문이다. 3연에선 어머니와 아버지의 궤적을 더듬는 시적 화자의 회로를 읽을 수 있다. '......나는 가난한/.... 중략..../일기장을 열며 얼큰한 삶의 바람을/ 오늘도 성숙한 바다에서 건지는' 것, 화자가 건져 올리는 것은 바람이다. 바다는 광막함과 그 끝에 펼쳐지는 무한대의 수평선으로 인하여 신비로움과 함께 수평선 끝에 자리하고 있을 피안彼岸의 세계를 내포한 공간을 의미한다고 볼 때, 구름을 일으키고 비를 부르는 바람을 건져 올린다는 것은 평온함에 기초한 고요 속에서 병행되는 홍윤표의 숨쉬기이거나 홍윤표의 영감의 세계를 지칭하는 재생에의 욕구일 터이다. 눈에 보이는 것은 아니지만 기온의 변화와 계절의 순환은 모두 바람의 영향을 받는다. 눈에 보이는 것은 아니지만 '어머니와 아버지'가 해태양식을 하는 바닷가 갯마을에 닿는 바람은 삶의 약동성과 연속성, 그리고 바다에 정착하여 바람파도와 싸워가면서 생명을 살아가는 강인한 의지의 일단이다. 의지는 인간에게 가장 긴요한 삶의 지렛대이며 해태양식을 하는 아버지의 유산 속에 깃든 강인한 의지를 대물림하여 유산으로 이어받은 일이다. 화자가 건져 올리는 것은 그런 류의 바람이다. 강인한 투지의 바람, 즉 이 시편은 '표본실의 하루'와 함께 생각의 근육을 말하고 있다. 육체의 근육이 튼튼하여야 건강하고 행복한 생활이 보장되듯이 생각의 근육, 즉 삶의 바람들을 감지해내면서 읽고 쓰고 명상하는 일의 반복을 통한 생각의 근육을 기르는 일, 그것이야말로 홍윤표가 바다에서 '바람을 건져' 올리는 '바람'의 실체이며 건강한 영혼을 양성하는 생각의 근육인 것이다.

3. 고향의 눈

홍윤표의 시편들은 거의가 다 형이상학을 표방하는 난해한 시편과는 거리가 멀다. 매 시편의 호흡이 긴 탓 역시 대부분 고향정물 묘사라는 소박성에 기인한다. 당진을 떠나지 않고 당진에 살면서 당진 이야기가 깃들인 고향 이야기를 시로 써 가는 시인 자신의 소회가 담긴 시편들이 주류를 형성하는 것이다. 이는 아무래도 홍윤표 시인 자신의 노년을 성공적으로 갈무리하려는, 그것도 굳이 당진 시인으로 남기를 갈망하는 보편적 의지의 소산으로 보아진다. 육신이 태어나 현재 몸담고 살아가고 있는 땅, 당진을 주요 거점으로 하여 주변부의 물상을 특별한 관점에서 바라본 다양한 제재의 등장이 그를 증명한다. 홍윤표의 시 의식에서 발화하는 다양한 이미지의 연장선이다.

①
태초엔 강이라고 불렀다
아니 태초엔 바다라고 불렀다
푸른 솔숲 도심을 가르며 냇물이 흘렀다
싱그러운 아침들이 이슬을 먹고
생기 찾은 당진천에 팔 베고 눕는다

잔디밭에 와불이 된 염소들
한 때는 초목을 울리는 종소리 때문에
기생들의 육자백이 소리가 가시고
대장간의 용접소리만 제방을 흘텄다
순사의 총포가 다녀간 역사의 뒷전에서
즈믄 해의 쪽배를 타고 나르던
짜릿한 새우젓 젓갈냄새 잊은지 오래다

바다는 짜릿한데 매력이 있다
먼 길 웅포에서 돌을 깎아서 나르던
하늘에 물을 길어 우유빛 마음을 섞어
당진 나루터에 나르던 시절
여름장마 거슬러 이름을 되찾아
육신을 쓸어 보낸다면 가문의 영광이다

살림밑천인 가축을 날려 보내던 아픔은 한 여름의
이산가족이었다
오랜 기생주점 상춘옥이 있던 당진천은
오늘도 고공노래소리가 밤을 태운다.

- 〈상춘옥이 있던 당진천〉 전문

②

나를 일깨워 준 길 찾아
편도로 가면 잊을 수 없는 하얀 도비도가

보이고 황금파도가 나를 반긴다

달빛 같은 목소리
하늘에 걸려 걸어오는 가을 끝
단풍든 낙엽 한 잎, 계절을 넘기면
꿈꾸던 파도는 잠을 드는가

빈 도비도搗飛島는 외롭다
꿈꾸는 파도 찾아 섬이 아닌 내륙에서
메마른 종소리를 안고 도는
파도소리 처얼썩 처얼썩 마음 전하면
너의 화답은 타악기 연주다

들물과 날물에 지쳐 절벽 아래 떨어지는
가냘픈 능쟁이 노래
동네 어머니들은 용돈을 위해
배낭에 갯물을 담으며 호미 날을 세울 때
석양은 이미 서해에 잠겼다

- 〈꿈꾸는 파도〉 전문

③
파도를 끌고 달려온 장고항*에 괭이갈매기 노래가 펄
밭에서 자란다
어디론가 목적지 향해 날아갈 듯 비상하지만 마주보는

햇살과 낮달에
그 바다가 그리운 손짓이다
석양에 꺾인 시야들이 옹기종기 모여
붉은 얘기로 물 드릴 때
괭이갈매기 무리는 금세라도 폭풍처럼
비상할 듯 흐르는 구름에게 말을 건다
앞 바다에 나란히 보이는 국화도 한 쌍
온 시름 덜고 고추바람에 달려들 때
갓 깨어난 물병아리 떼 행복을 물고
아양을 떤다, 청명한 가을바다 찾아 해변에
몸을 파는 섬마을 해당화군*
폭포소리 우렁차게 드려주듯 손 흔들어
바다의 볼에 사랑의 연서를 쓴다

- 〈괭이 갈매기〉 전문

평이하게 읽히는 시편들이다. ①의 시편은 과거에의 회상이 담겨져 있다. 당진천을 중심으로 '당진 나루터'에서 생을 살아가는 인간군락들의 모습들, 그 중에서도 기생들이 있던 '상춘옥'을 기억해낸 시편이다. '과거'로 흘러간 기억의 물줄기, 바닷물이 어떻게 '시'로 변용되는가에 대한 '시의 토대'를 말하면서 '강이나 바다, 그리고 당진 나루터'가 '시'로 변환되고 있는 현장이다. 묻혀버린 당진의 기억을 재생시켜 새로운 이미지화하기 위하여서는 그를 읽어내는 시안詩眼이 매우 독특해야 함을 전제로 한다. 현대시의 가장 중요한 척도는 이미지의 형상화 방법이다. 유일한 매개체인 언어를 통한 이미지의 형상화는 쉽지 않은 일이다. 강이 바다로 흘러들어가 생명을 키우는 일이 쉬운 일이 아니듯 시인이 천상의 언어를 받아내서 그를 지상의 언어로 기술해 간다는 일도 보통 일이 아니다. '당진천'을 중심으로 '상춘옥'에서 울려 퍼지던 구성된 노랫가락들과 삶의 애환들은 사라지지 않고 홍윤표의 시안을 통하여 재생되는 현장이 이 시편이다. 이는 ②의 시편에 이르러서도 동일하다. 당진 북쪽에 위치한 섬 아닌 섬, '도비도'의 '황금파도'는 '당진천'을 지나쳐온 물줄기를 품고 있어 가능한 일이다. 생각해 보라. 2연의 '달빛 같은 목소리 / 하늘에 걸려 걸어오는 가을 끝/ 단풍든 낙엽 한 잎, 계절을 넘기면/ 꿈꾸던 파도는 잠을 드는가' 라든가, '빈 도비도搗飛島는 외롭다 / 꿈꾸는 파도 찾아 섬이 아닌 내륙에서/ 메마른 종소리를 안고 도는 / 파도소리 처얼썩 처얼썩 마음 전하면 / 너의 화답은 타악기 연주' 같은 시행은 그래서 만이 가능하잖은가. 이들 타악기 연주인 파도소리를 물고 오는 것은 '장고항 괭이갈매기' 들이다. 당진군 석문면에 위치한 해안마을인 장고항 괭이갈매기 무리가 장고항을 터전으로 살아가는 장고항 괭이갈매기의 생을 반주하는 곳. '앞

바다에 나란히 보이는 국화도 한 쌍/ 온 시름 덜고 고추바람에 달려들 때/ 갓 깨어난 물병아리 떼 행복을 물고' 있는 평화로운 당진의 해변마을은 결국 '바다의 볼에 사랑의 연서를' 쓰고야 마는 것이다. 이를 기점으로 하여 '꽃 소식은 절기흐름이 빠르건 느리건/... 중략.../ 사랑하는 사람아,/ 봄날엔 흔한 개나리꽃이라도 벚꽃이라도 그냥 지나치는'(〈꽃소식에 취해〉 일부) 일은 없다는 희열에 찬 고백을 하게 되는 것이다. 그런 '사랑'에 취하다 보면 또, '세상을 펼쳐보면 좁다할까/ 내가 볼 수 없는 눈썹 속에 눈썹/ 강줄기 굽이굽이 흘려내려/ 감정의 오줌을 우려내는 속눈썹// 오늘도 사랑의 사다리 타고/ 오늘도 사랑의 동공을 타고'(〈내 삶에 속눈썹〉 일부)에서처럼 눈에 안 보이는 속눈썹 같은 사물 일체가 다 '사랑'으로 변모하면서, '사랑, 사랑이란 하늘에서 별빛이 반짝거리고 있음을'(〈고통은 아름다운 이름〉 일부) 거쳐, '섬은 꽃을 품고 사랑을 품고 자유롭게 산다.' 면서 마침내 섬을 의인화하기에 이른다. 섬은 더 이상 고독한 바다의 단독자가 아니라 바다의 아들이자 사람의 형상으로 바다와 바람과 바위와 희노애락을 나누며 살아가다가 다시 마지막 사랑의 밀어에 해당하는 짧은 독백의 파도를 쳐대기 시작한다.

애당초 꽃은
길을 내주지 않았다
그대와 함께 꽃 숲에서 살아가니
꽃은 길을 내 주었다
모두 사랑이다

- 〈꽃길〉 전문

'꽃길'이다. 홍윤표의 '꽃길'은 '당진사랑' 이다. 당진이라는 고향 정물들이다. 이들을 정성껏 형상화하는 작업인 시 쓰기다. 아미산 아래에 터 잡고 살면서 줄기차게 시를 쓰는 시인의 일상이다. 홍윤표의 '꽃길' 이기도 하다. 고단한 한 생애를 살아가면서도 지금 살아가는 오늘이라는 삶의 현장이 '꽃길' 이라는 자각을 하는 사람은 행복한 생을 살아가고 있다는 증좌다. 이 행복한 상태의 시 쓰기는 전염된다. 시인 자기 자신뿐만 아니라 전염병처럼 주위에게로 퍼져 나가는 전파성이 강하다. 이 전파성의 원관념, 원뿌리는 간단하다. 쉴 새 없이 에너지를 공급해 주는 안목眼目 이다. 사랑의 에너지 공급원이다. 사람에게 사랑의 감정의 에너지를 최고조로 고양시키면 인간은 현실에 구애받지 않는 영혼의 목소리, 즉 진실을 자각하기에 이른다. 홍윤표 시인이 지독한 시앓이, 지독한 고향 사랑앓이를 하면서도 맹렬하게 시를 쓰는 이유가 여기에 있다. 이는 분명 고향의 눈이라 보아진다. 행복한 글쓰기에 의한 사랑스런 고향의 눈인 것이다.

4. 결어

이번에 발표하는 홍윤표의 시집, 「당진 시인」은 홍윤표의 일상이 그대로 투영된 소박한 시집이다. 당진이라는 특정 지역을 매개체로 시를 써가는 이번 홍윤표 시집의 시어들 표정은 한 마디로 평온이다. 따스한 기운이 봄철 아지랑이처럼 훈훈하게 아른거리는 아련함이다. 평온은 이번에 간행하는 《당진 시인》시편 전체를 대변하는 시어의 핵심이자 홍윤표가 펴내는 「당진 시집」의 대표적인 주제어 이다. 당진에서 태어나 당진에서 살면서 당진을 노래하는 홍윤표 시인은 시 쓰기 이외에도 수많은 가곡의 작시와 사진작가로도 이름이 높다. 어느 하나도 부지런하지 않고서는 할 수 없는 일들로써 이 속에는 평온이 굳건히 자리하고 있다. 일일이 거명하기 힘든 십 수권에 이르는 시집을 상재한 것만 보아도 문학에 열중하는 홍윤표의 부지런한 특성을 잘 말해주고 있다.

일련의 홍윤표 시집들, 특히 이번 시집에서 보여주는 홍윤표 시세계의 궁극적 대미는 다양한 관점에서 발하는 상상력의 자유로움에 있다. 평온이 가져다주는 시 쓰기의 연속성에 의거하여 홍윤표를 대표하는 이미지는 상상력의 개방에서 그 근저를 살 필 수 있었다. 한 마디로 이는 관점과 착상의 자유로운 율동을 의미한다. 홍윤표가 모든 물상에서 시제詩題를 찾는 일은 그래서 가능하다. 그 다음으로는 생각의 근육이 탄탄하다는 것을 짚어 보았다. '표본실의 하루' 라는 '염습'의 과정을 통한 고찰에서 발현하는 무수한 생각의 연결고리는 홍윤표가 얼마나 일상에서 시와 삶의 진리를 궁구하는가에 대한 해답이다. 그리고 홍윤표를 더욱 건강하게 만드는 마지막 주사위는 홍윤표가 고향의 눈을 갖고 있다는 점이다. 모두가 시간의 지문에서 발화하는 삶의 이야기들인 것이다. 그래서 홍윤표 시인이야말로 평온함과 행복함 속에서 사랑을 하고 사랑을 받으며 성실하게 시를 써가는 진정한 시인이다. 동시에 당진을 사랑하는 참다운 '당진 시인' 이다. 이런 면에서 앞으로도 더욱 더 시적 성취에 기대를 갖게 한다는 점에서 홍윤표의 시세계는 흥미의 대상이 된다 하겠다.

詩人의 발자취

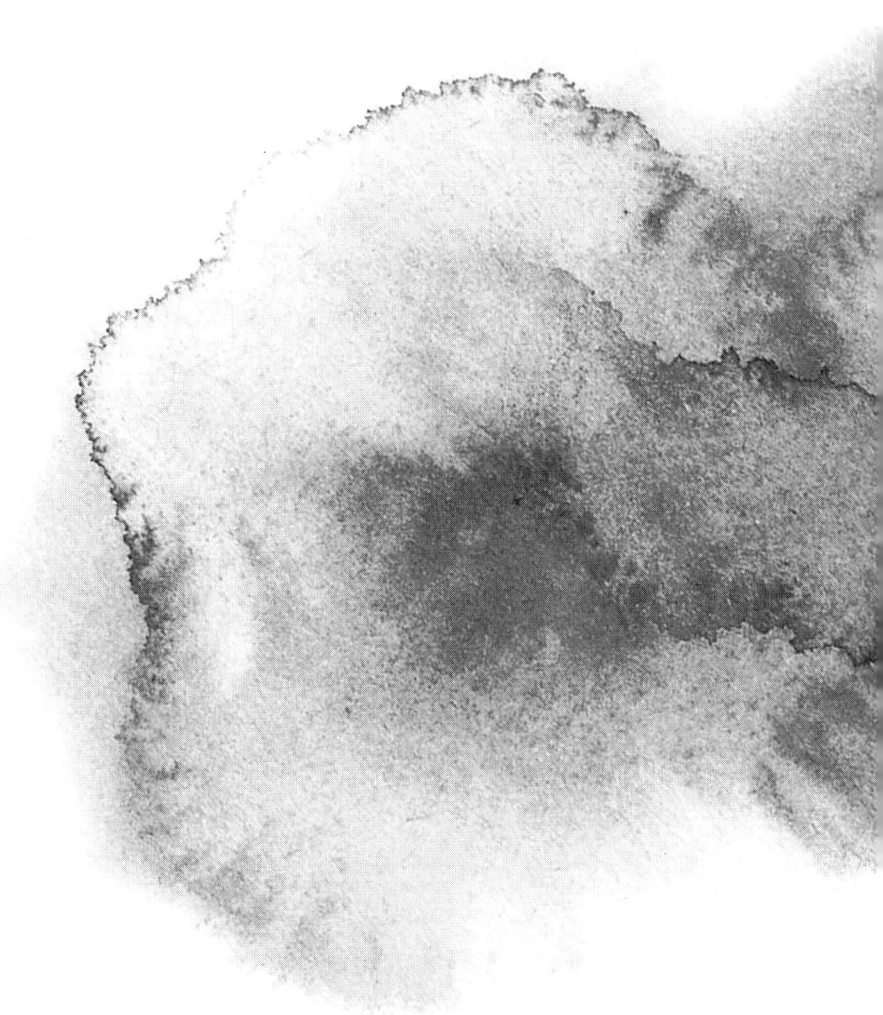

詩人의 발자취

本 南陽 南陽洪氏 僉正公 始祖의 34歲孫. 1950年 3月 30日 忠南 唐津출생. 諱 洪淳成과 張順禮사이 3남 중 長男으로 태어남. 1975년 瑞寧 柳氏 柳京子와 結婚 1男 2女를 둠 (志尙, 志享, 志珉)

당진초교(46회) 당진 중(15회). 서울방송고(대입학력고시합격), 한국방송대('83행정학사), 경희대 및 국립공주대학원 졸업 (2003 행정학석사)

1. 문학 프로필

1990년 10월 (문학세계)와 (농민문학)신인상 당선 및 시와시론(현 문예운동) 김선 추천 등단. 계간〈詩眼〉과〈시와 생명〉등에 작품발표로 활동. 1992년(시조문학)

월하선생추천등단〈이근배 시조시인 심사〉3회추천등단 후, 詩 季刊誌 시안詩眼에 시 발표로 작품활동

2. 시집발간

가. 시집:〈겨울나기〉(에이원, 북토피아:1990)〈학마을〉(하락도서:1991)〈그대있는곳에 내가 있다고〉(일선기획:1992)〈바람처럼이슬처럼〉(북토피아:1992)〈학마을꽃피우기〉(청학: 1994)〈별들은 왜 밤에만 꿈을 꾸는가〉(도서출판영하 :1995)〈소금꽃〉(대교출판:1997)〈꿈꾸는 서해대교〉(도서출판들꽃: 2003)〈삼청동까치집〉(주/에세이 2006 발간함)〈가슴으로 전하는 말 : 2010. 4 오늘의 문학 〉〈위대한 외출 2013 오늘의 문학사〉외 엔솔로지 다수. 전자시집〈겨울나기, 삼청동까치집〉〈사랑, 그 순간부터 2012 북스테이〉외 다수

나. 시조시집:〈아미산 진달래야〉(대교출판1995) .〈어머니의 밥 : 전자시집 한국문학방송〉한국동시조〈신봉승외) 다수〈상기도서전자출판 다층〉한밭 동시조 다수

다. 공저시집:〈풀잎은... 한국시인협회 1996〉〈단둘이숲이되고 바람이... 1997 황금찬. 유안진외〉〈내 마음의 독도〉이생진외 99인〈2005 주목받는시인들〉〈나의작품 나의명구: 이유식편저 이생진외 2005〉세계

177

시문학(World Poetry) 〈 한 · 중 명시선 2000 인디넷〉 〈2007 올해의 명시선 발간: 책나라: 고은, 이해인, 유안진 외〉〈현대시100주년기념100인집 안도현 외: 신문예〉 〈2008 현대시100주년기념 아미시단 첫시집 당진은 문학이다: 오늘의문학사〉〈세계 World포에트리 영문시집 을지문화사2001-2016 〉〈인사동 시인들 2013〉〈한국을 빛내 시인들 문학세계 2016〉, 〈현대시조 대표작 한국문협 시조분과 2016〉〈무천문학 동인지〉 등

3. 문학상 수상

초부향토문화상(1991). 한국문학탐구대상(1992). 충남문학작품상(1996). 영광의 충남인상(1996). 예총창작상(1995). 허균문학상(2001). 자랑스런방송대인상(2001). 한국농민문학작가상(2004). 한국예총공로상(2005.4). 한민족통일문예우수상(2007) 충남문학대상(2008). 황희문화예술상대상 수상(2010). 신문예공로상(2011). 충남펜문학대상 (2012) 아시아문학 은상〈서석문학 2012〉 정훈문학상(2013) 한.중 문화예술상(2014). 한중문화교류 감사장(2016)

4. 문학단체 활동

(사)국제펜클럽한국회원. 한국문인협회 자문위원. 한국시인협회. 한국농민문학회 및 한국공무원문학회. 한국시조시인협회. 경희대 문인회. 우리시동인. 불교문인협회원. (사)세계문인협회, 가람문학. 무천문학. 충남시인협회원. 한국사진작가협당진지부회원. 전) 제3대 당진지부장역임, 현) (사)국제펜한국본부 충남위원장. 당진문화원이사. 충남문협 부회장. 당진시인협회장(2016 현재). 한국음악저작권협회 및 한국문예학술저작권협회. 한국예술문화정보협회. 한국예술가곡협회, (사)한국예술문화정보협회원으로 활동.

5. 기타 약력 및 단체 활동

충남 당진시 공무원 정년. 고대면장 및 대호지면장 역임, 당진시의회 수석전문위원 역임, 국제로타리3620지구당진클럽 회원(전 지역대표), 민족통일 당진시협의회 회장(2016). 세계평화대사당진시협의회원